追怀生命

中国历史上的墓志铭

Chinese
Funerary
Biographies:

An Anthology
of Remembered Lives

[美] 伊沛霞
姚 平
张 聪 主编

图书在版编目（CIP）数据

追怀生命：中国历史上的墓志铭 /（美）伊沛霞，
（美）姚平，（美）张聪主编. —上海：上海古籍出版社，
2023.4
ISBN 978 - 7 - 5732 - 0612 - 1

Ⅰ. ①追…　Ⅱ. ①伊…②姚…③张…　Ⅲ. ①墓志—
汇编—中国—古代　Ⅳ. ①K877.45

中国国家版本馆CIP数据核字（2023）第051285号

Chinese Funerary Biographies: An Anthology of Remembered Lives
edited by Patricia Buckley Ebrey, Ping Yao, and Cong Ellen Zhang, was
first published by the University of Washington Press, in 2019.
The Chinese translation of this book is made possible by permission of
the University of Washington Press © 2019, and may be sold throughout
the World.

追怀生命：中国历史上的墓志铭
［美］伊沛霞、姚平、张聪　主编
上海古籍出版社出版发行
（上海市闵行区号景路 159 弄 1-5 号 A 座 5F　邮政编码 201101）
（1）网址：www. guji. com. cn
（2）E-mail：guji1 @ guji. com. cn
（3）易文网网址：www. ewen. co
苏州市越洋印刷有限公司印刷
开本 787×1092　1/32　印张 9.75　插页 2　字数 156,000
2023 年 4 月第 1 版　2023 年 4 月第 1 次印刷
ISBN 978 - 7 - 5732 - 0612 - 1
K · 3339　定价：52.00 元
如有质量问题，请与承印公司联系

目　录

前　言

　　制度、观念和重大事件是还原历史的最基本条件，但只有当我们聚焦个体人物的遭遇和故事时，历史才变得鲜活起来。正因如此，人物传记一直是最有价值的史料之一。[1]

　　传记一直是中国史学传统的一个重要分支。司马迁（？—公元前86）的《史记》就包括了大约一百五十个人物传记。他的人物传记业已具备了现代意义上传记的所有

---

[1]　有关中国的传记和墓志的研究成果非常丰富，本书中讨论到的主题，大多可以在中英文著述中找到相关讨论。我们将在每章末的"延伸阅读"部分为读者介绍一组最基本的中英文论著。

主要成分——姓、名、字、籍贯、简历。司马迁还常常通过人物对话来为故事增添色彩；在陈述该人物的事业生涯之后，他有时会提及此人生活中的其他方面，如文学作品、性格特征、兄弟子嗣等。虽然大部分传记的主角是帝王将相，但司马迁并不认为只有政治人物才值得为之谱写生世。他在选择传记对象时还有其他种种考虑，如传主在哲学思想方面的贡献或者杰出的商业头脑等。

司马迁创立的传记传统在汉代以后的正史写作中得到发扬光大。二十四史中有大量重要政治人物的传记，但也有不少人是因品德或其他方面的成就而得以青史留名的。正史的传记写作多以私人编撰的传记为资料来源，这也反过来影响了私人传记的写作。特别值得一提的，是列女、孝子孝女、地方名人、宋代以后的画家、书法家，以及著名僧尼、道士、女冠等各色人物的传记。从宋代起，作为官府与士绅密切合作产物的地方志，收录了越来越多的地方名人传记。

本书的着眼点，是私人撰著（而不是官方主持编纂）的、以纪念死者为目的的传记——墓志铭。这一传记传统同样可以追溯到汉代。墓志铭作为一种文体，在其发展过程中借鉴了正史人物传记的基本成分，但也深受其他中国文化因素的影响，尤其是家族制度、祖先崇拜以及孝道至上的传统。

本书所收的墓志铭，在英文中被翻译成 epitaph、funerary biographies（丧葬传记），或 funerary inscriptions（丧葬铭文），现存帝制时期（公元前 221 年—公元 1911 年）的墓志铭数以万计。长期以来，传统史家利用这些资料弥补正史之阙。如果志主在正史中也有传记的话，我们可以在他的墓志铭中找到更多私人生活的内容，比如他的葬地和妻子的姓氏等。此外，正史作者为了对传记主人的一生功过是非有个论定，往往会无所顾忌地陈述此人品格上的瑕疵和治政方面的谬误。而墓志铭的主要功能之一是塑造一个让亲者仿效、尊者赞扬的正面形象，因此它们往往对死者赞誉有加，而对他/她的缺点避而不谈。

墓志铭因包括详细的人品操行、家庭生活、地方世态以及社会文化风俗，可以让读者感受到志主所处时代的（尤其是上层社会的）思想行为和日常生活。墓志铭还让我们有机会了解在正史和地方志中少有记载的各色人物。如果不是贞妇、节妇或其他妇德模范的话，女性很少被写进正史，然而她们在墓志中却得到了很好的体现（当然尚无法与男性相比）。同样地，不少男性墓志的志主既没有任何仕宦记录，在其他史料中也没有留下任何记载。早夭的孩子很少出现在家谱或父母的传记中，但他们却是墓志中被父母和家人殷切怀念的对象。

墓志铭因为可以为家庭史、人口史和社会史提供丰富的、可量化的数据，故而受到现代史学家的重视。绝大多数墓志铭提供志主的死亡年龄和年代，由此我们能够推算出他/她的生卒年份。墓志铭还包含了姻亲家庭的信息，使我们得以考量当时的婚姻和亲缘网络。大部分墓志还会提及死者子女的名字或数目，以及这些子女是否在世或夭亡，这些信息可以作为我们研究生育率和死亡率的有效证据。学者们已经用墓志的统计数据来证明婚龄以及择偶条件的变化。目前一些数位人文研究项目，如哈佛大学的《中国历代人物传记数据库》(Chinese Biographical Database)[1]等，大量利用墓志来复原精英家庭的迁移趋向、地方发展、政治和思想网络。这类史料的广泛运用大大增强了我们对中国历史上的家庭生活、仪礼和宗教实

---

[1] 中国历代人物传记资料库之始祖为郝若贝教授（Robert M. Hartwell, 1932—1996），目前资料库的开发工作由哈佛大学费正清中国研究中心、中央研究院历史语言研究所及北京大学中国古代史研究中心三方合作进行。网址是https://projects.iq.harvard.edu/chinesecbdb。

徐德润墓志及顶盖
边长约59厘米高约13厘米
纽约大都会艺术博物馆藏

践、精英的自我标识和维护其社会地位的策略（如自为婚姻）等方面的了解。

女性史研究者一直是使用墓志史料的领先人物。虽然墓志铭和列女传的目的都是赞扬女性的完美家庭角色和她们的道德典范，但是，墓志铭中也有对女性的情感经历和她们如何权衡、处理种种微妙的家庭关系的更为细微的描述。而且，正史和说教性的列女传往往只注重女性生命中的一个关键时段，而墓志则提供了一个更为完整的图像，展现了女性在一生各阶段中所担当的角色。女性墓志的撰者大多是她的亲人，比如丈夫、兄弟、儿子（当然她的儿子也可能会请求一位知名文人撰写她的墓志并为作者提供有关内容）。虽然现存墓志中男性墓志的数量远超过女性墓志数，但就记载女性生活而言，墓志铭的史料价值是无与伦比的。

本书选择了二世纪至十九世纪间的三十篇墓志铭，其中只有四分之一的志主曾因其政绩、战绩或在思想文化上的贡献而享誉一时。其他一些墓志的选择，往往是因为它们能让读者了解到当时生活中的更为私隐的一面（如父母对子女的感情），或者是因为它们反映了多种多样的生活经历（包括将军、小吏、僧侣、非汉族背景的军官、皇亲国戚）。这些墓志有助于我们洞察某个时代的特征以及某种社会和政治氛围。如果我们将这些人物传记作为史料来读，那我们首先应该把它们放在历史背景中去理解。正因如此，我们在每章中都对墓志主的生活时代做了一个简介。

墓志不仅是文字，也是实物。大约从五世纪起，墓志大多是刻有墓主生世的方形石板，边长40至160厘米不等。传统的墓志分"序"和"铭"两部分。"序"的常见内容是墓志主姓名、丧葬、先辈世系、生世、德操、才能，以及（如果墓志主是男性）事业所成。"序"的行文长短不一，有几百字的，也有几千字的。一般来说，"铭"要比"序"短得多，它基本上是以诗句的形式再现"序"中的内容，辅之以表达悼亡和思念的诗句和典故。

墓志铭一般都有一方保护性的盖，盖上有墓主的姓名，若墓主地位显赫，则加上其官职封号。盖铭一般以篆体字刻写，周边镶以吉祥动物或体现中国宇宙观的纹饰。墓主入葬时，这套墓志铭和盖会被置放在靠近他/她的地方——或是棺椁上，或是棺椁前，或是墓道口。

墓志的制作要经历几道程序，且极其费时，男性精英的墓志尤其如此。一般来说，墓志制作的第一步是编写墓主的行状，这大多由他的家人或挚友执笔。然后治丧者之一会请求一位名家为墓主写墓志铭。声望高的文人往往会收到许多撰写墓志的请求，却不一定全部接受请托者的要求。有时候皇帝也会旨令某个朝官撰写同僚的墓志，也有文人毛遂自荐为墓主作志的，还有一些文人学士甚至自撰墓志铭（见第四章）。

与其他随葬品一样，墓志铭的功用是帮助墓主从今生过渡到死亡世界，保证他/她在冥界的安康，并向冥界通报他/她的身份地位。作为随葬品，墓志铭的首要功能是标明墓葬地点和墓主身份。墓志铭也起着保障墓主不受到各种危害以及确立其尸骨及灵魂之墓地拥有权的作用。而且，对墓主品行和功绩的记录也可以安抚墓主并禀告地下官府此人的良好信誉。此外，墓志铭还保证了墓主的品德得以永久保存和发扬。对生者来说，墓志铭是怀念故人和稳固家族的有力工具。制作墓志的过程使家人得以回想、思念、珍惜死者的一言一行，从而巩固了家庭团结。墓志铭还进一步强化了主流社会文化价值，有效地提高了墓主家族的社会地位。这是精英家庭最为重视的两方面。

墓志撰写完毕并交付（往往是长途递送）给请托者后，墓主家庭可以直接采用撰志者的书法，也可以再请一个书法家誊写以增添墓志的艺术效果。许多家庭最后选择另请书法家，这又要花费大量时间和资金。正因为如此，墓志铭以及墓志拓本为我们研究书法以及字体的发展演变提供了极有价值的材料。一般来说，墓志铭是用楷书书写的，而志盖上死者的姓名和官衔则采用篆书或隶书，然后由当地的刻石艺匠完成最后一道程序。可以想象，在复制这些书法家的作品时，艺匠的审美取向和文化程度对墓志的视觉效果有着极大的影响。正如我们在一些出土墓志中所看到的，书法家或刻石艺匠偶尔会出错——或是漏字，或是有错别字。

考虑到与制作工程各方联系及安排所需的时间，墓志入土之前一定会耗去几个月甚至更多的时间，而相关费用也可能越来越高，但史料对墓志制作各个环节的标价和实际支出数额往往隐而不宣。偶尔提及具体费用，也大多是为了凸显撰著者或书法家的名望，当然也有一些是关涉名门大族或特殊丧葬情况。毋庸置疑，墓志制作所花费的时间和金钱有时会导致久而不葬。当然，也有更为简单的选择，本书第九章的定制墓志显示，有些专业工坊会提供包括墓志铭在内的"丧葬套系"以减轻举丧之家在时间和资金上的压力。这类服务可能在晚唐时期就已出现。这一现象说明，墓志作为丧葬仪礼的一部分已经在达贵之外的富足家庭中盛行。

墓志入土并不标志着它的终点，墓志铭会被制成拓片，或收入到选集、宗谱、家训或文人学士的个人文集中。这些墓志铭不仅在亲友间流传，它们的文学和艺术价值也被文人们所欣赏。多年来，因为盗墓、土崩、建筑工程和考古发掘，有大量的墓志出土，有些完整无缺，有些残而不全。这些新发现逐渐扩大了供历史学家参考使用的史料库。

墓志的起源可以追溯到秦汉时期。那时人们已经在墓中放置种种文本，它们或是写在绢帛上，或是写在更为耐久的材料上，其作用是标示死者、保护墓葬，并向阴曹地府通报墓主生前的地位和特权。我们还会在棺椁、随葬品、供品架，以及墓道口、支柱、墓门、墓壁等处发现有关死者家世和生平的铭文。大多数随葬品很贵重，所以只有富贵之家才会如此奢侈。不过，考古发现证明，当时的观念是，无论地位高低，死者都应该有一个身份证明。比如，考古学家在一个秦汉时期的刑徒墓葬群中发现了几百个刻有死者基本信息（如名字、户籍、死亡日期等）的砖瓦。虽然这些砖瓦文字简略、材料粗陋，但它们担当着双重作用——既是官府的记录，又是死者亡灵转世的身份标示。学者们认为，这些"志墓"文字是墓志铭的前身。

大多数学者认为，至今所知最早的墓志铭是成文于公元106年的贾仲武妻马姜的墓志（见第一章第一篇）。墓碑有残缺，所以志文不全。但这篇二百字左右的墓志铭已包括了中国墓志传统的基本要素——墓志主的生世、优异品德和功绩、丧葬日期、坟墓地点，以及其他一些有关下葬安排的信息。与后代的墓志铭相比，《马姜墓志》显然缺少一个以诗颂为主的"铭"。与之相反，其他一些早期墓志有"铭"而无"序"。至今出土的西汉墓志不到二十方，显然，墓志出现之前的种种志墓方法仍然在被使用。

最普遍的汉代志墓形式是矗立在墓边的墓碑（见第一章第二、三篇）。墓碑的流行是与出殡仪式和墓地祭祖的愈趋重要紧密关连的。许多有品级的官吏和地方要员，他们的下属、亲友和乡绅为他们建立墓碑，这些墓碑既可以标示落葬地点，又能用以纪念墓主的丰功伟绩。墓碑在二至三世纪极为盛行。除了赞美墓主，墓碑的另一个特点是立碑者和捐助者的名字也会刻在碑上，因此这些文物是我们了解当时的社会交际网络和精英成员身份的理想材料。

奢葬和庞大的殡殓仪仗最终引起了朝廷的反对，魏晋两朝多次下诏禁断厚葬。在提倡节俭之外，朝廷还制定政策以图遏制为地方上的豪门巨阀建祠立碑的行为。这些禁令并没有完全中止这种树碑立传的风气，但它导致了门阀之家逐渐将石碑埋入地下这一风气的盛行。

促使墓志铭成为主要的纪念文字形式的还有其他一些因素。在四世纪，"五胡乱华"和汉族朝廷的南迁引发了长时期政治和社会的不稳定，其结果是许多贵族精英殒命于远离宗族墓地的外乡。不少死者被权葬在临时性的坟地，而且往往是多人合葬，还有不少人死于非命，这让死者的亲人深感不安并希望找到一个可以有效地纪念死者的方式。能够起到永久标示死者作用的墓志铭由此盛行起来。

从已经发表的材料来看，墓志铭在五至六世纪的北魏贵族墓葬中开始普遍出现。比如，在660方汉代至南北朝的墓志中，过半数（有356方）是北魏时期的墓志。[1] 墓志数的剧增与北魏迁都洛阳（494年）正好在时代上吻合。孝文帝（467—499年在位）的汉化政策之一就是下令将军中的死者安葬在洛阳邙山（而不是回葬到北方故地）；身

---

[1] 赵万里《汉魏南北朝墓志集释》，科学出版社，1956年。

处洛阳的汉族上层家庭也选择邙山作为他们的墓地（见第二章、第三章）。

到五世纪后半期，墓志铭已经基本定型，它们不仅提供详细的先辈世系以及墓志主的生世信息（如姓名、族望、联姻家族、妻子儿女、亲家、历任官职等），而且还突出显示其道德品行和业绩。墓志铭也逐渐被认可为一种独立的文体，不仅"墓志铭"一词被广泛用于墓志标题，而且《文选》也将它另列为一类文体。此外，墓志铭还被收入当时的个人文集。

唐宋两代有大量墓志铭流传下来。与唐以前的数百方墓志相比，现在所知的唐代墓志数量至少有八千以上。十九世纪早期编纂的《全唐文》中就有近千份墓志铭，很多是从当时可以搜集到的唐人文集中选出的。其他的唐代墓志大多来自墓葬发掘出土，且绝大部分来自邙山一带以及唐代都城——洛阳和长安之间，当时的政治权贵和社会精英家族大多居住在两都，因此祖坟墓地也多在那里。

从唐代后半期开始，墓志铭篇幅大为增加，唐以前的墓志铭中篇幅超过千字的很少见，但唐代的长篇墓志铭字数多达二至三千。宋代的墓志铭更甚，五千字以上的并不罕见，有的甚至接近一万字。唐宋时期的墓志体积也比早期的大，单边长度一般超过70厘米，而晋代至北魏的墓志平均边长只在40至50厘米之间。唐宋时期的墓志主身份也愈趋多元——虽然墓志主中大部分仍然是政治社会地位突出的家族成员，但精英圈之外的各色人物，如和尚道士、女尼女冠（第三章、第五章）、衙门小吏、乡绅居士（第十二章）、商人（第九章第三篇、第十六章）、宫廷女性、妾、侍婢、乳母甚至幼童（第九章第二篇）等都在墓志中有所体现。墓志的地域分布也有变化——唐代的贵族大多居住在洛阳和长安两都，而宋代的墓志显示，墓志主往往出生在不同地区，撰志者也多来自各地。最令人意想不到的是，从山西东南地区出土的墓志来看，当地已有一批专业的墓志制造者，他们可以为任何身份的死者配备墓志，而且似乎有样本作依据（见第九章）。

八世纪末至九世纪初，以及十一世纪上中叶，是墓志史上的两个特别重要的时期，它们恰好与唐宋之间政治、社会和文化的重大转型相吻合，而与之更为相关的则是大姓贵族在唐末的衰落以及宋代士大夫势力的崛起。中古时期贵族的社会地位往往取决于他们的世系并通过大姓间自为婚姻来维护，相比之下，在宋代，新兴的士大夫在社会阶层和地域分布上更为多元，他们大多因为自己的学问、

美人董氏志

美人董氏墓誌銘
美人姓董汴州恆
宜縣人也祖佛子
齊涼州刺史敦仁

愽洽標譽鄉閭父
後進佛僅英雄聲
馳河澆美人體質
閑華天情婉嬺米

董美人墓志

科考的成功以及在朝廷任官而得以出人头地。精英阶层在成分和取向上的变化对墓志铭的内容有直接的影响。这一变化尤其体现在描述理想男女角色行为和个人、家庭的成就所赋予的意义方面。

　　唐宋时期墓志之盛行也使得这些文字得到了更好的保存。虽然墓志铭在五世纪就已经被认可为文体之一，但只有墓志铭中的赋句部分（"铭"）被收入文集中，而叙事性的"序"往往被略之不录，因为当时人认为"序"并不是墓志铭这一文体的关键成分。与之相比，唐代的墓志不仅被全文收录，而且在个人文集中有一个分门别类的、独立的类目。这一时期墓志铭的另外一个明显变化是它的文风。魏晋至初唐的墓志行文多为格式化的骈文（见第二、三、四章），从九世纪起，因为受到以韩愈（768—824）、柳宗元（773—819）、权德舆（759—818）等人为领袖的古文运动的影响，墓志铭往往生动地描写志主的一生，并穿插一些趣闻轶事，行文也更为自由不拘（见第六章）。

　　古文运动也给宋代文人在文章结构上带来了灵活性。北魏和唐代的墓志铭作者一般都会按照严格的顺序来描写死者：首先介绍姓名、祖先、家世和早年生活，随后描述他/她一生中的重要事件、直系亲属，以及死亡和丧葬。

相比之下，宋代的作者并不如此循规蹈矩。有些宋代墓志会以"某某日，甲终于京都之官舍（或私舍）""孤子乙乌号备竭，求志于吾""某某年，吾与丙供职于某州"之类的句子开篇。在这类别具一格而引人注目的开场白之后，往往是非常详尽的有关作者与死者之亲属关系的描叙。这种在结构和叙述上的多样化不仅标志着墓志写作的新取向，而且也显示出宋代作者在构思一篇引人入胜的传记上的创造力（见第十、十一、十二、十三章）。

唐代以前的墓志铭很少记载作者的名字，从八世纪起，墓志作者通常会通报身份。在这些有名有姓的作者中，还有几位是女性（第五章、第二十二章），不过，她们的行文与男性作者为家人所作的墓志铭很相近。

唐代的一个值得注意的现象是，名望极高的书法家参与了墓志制作。欧阳询（557—641）、虞世南（558—638）、张旭（675—750）、颜真卿（709—784）以及其他著名书法家的墨宝给制作完毕的墓志带来了极高的声誉。同样重要的是，这些大书法家的参与导致许多人临摹刻有他们书法的墓志拓片，从而使得正楷这一书体得到了长足的发展。因为这些原因，宋代之后，墓志拓本成为既有文学价值又有艺术价值的收藏品。到了十一世纪，墓志拓片以及手抄本已成为可以购买的商品，墓志铭从而成了文学作品或艺术品。至此，墓志铭不再仅是为了安抚死者和纪念祖先，它们也已成为死者家族和撰志者显示社会地位和宣扬社会、文化理念的、公开的，极为有效的平台。

墓志铭之愈趋公开反映了其读者对象从死者神灵及阴间地府到世间生人的转移。这一变化也体现在墓志铭作者对自己与死者或死者家庭的关系的陈述上。宋代作者经常会提到死者亲属求志的情景以及自己是如何因感服而从命的细节。有时作者会交代，他与死者或其家属交友甚久，深谙死者的杰出品格和成就，因而有义务使之发扬光大（第十章、第十一章）。

墓志铭趋向于注重生者的情况还体现在墓志内容的变化上。唐宋墓志一般会遵循早期墓志陈述死者前辈和家世的先例，但是，这一部分的篇幅逐渐减少。唐代前半叶的墓志大多详细介绍死者的郡望及其起源，九至十世纪的墓志则往往简而述之，至十一世纪，只有一小部分墓志会追溯到几百年前的祖先。对世系关注的淡漠反映了这一时期家族谱系已逐渐失去其在衡量社会地位中举足轻重的位置。

缩短世系介绍所占的篇幅使得墓志铭作者有更多的空间述评死者的后代及其成就。唐代早期的墓志铭往往只提及主持丧葬的嗣子或嗣孙，很少列出死者的所有子女，墓志例常提及女儿名字的现象在唐代后半叶才出现。自九世纪初起，墓志铭介绍死者所有子女（包括庶出子女）渐渐成为普遍现象。到了十一世纪中期，一份典型的墓志会提及死者的子女及其婚姻，死者的第三代，子孙的学业、科考、职官等的完整信息。与此相同，母亲（尤其是寡母）越来越因为她在教育子女以及培养儿子学业和仕途志向上所做的工作而倍受赞誉。这一对死者直系家属的多方关注使得墓志铭的篇幅变得更为可观。

晚唐及宋代墓志铭之凸显后代（尤其是儿子）的另一个特点是，墓志成为赞誉人子孝行的工具。有时对人子的赞美几乎等同于对死者的颂扬。宋代墓志充斥着有关孝子们费尽心机求得墓志的感人轶事，诸如他们如何在悲痛欲绝之际长途跋涉累月（甚至经年）以说服名家为自己的双亲撰写墓志。对孝子为父母求得一方佳志的大力颂扬导致了另一个有意思的现象——在几百位唐宋墓志铭撰者中，大部分人选择不由自己为父母撰志。以北宋为例，《全宋文》收集了370多位文人撰写的墓志，其中只有15位作者为自己的父母作志，只占总数的百分之四。这些已经功成名就的文人宁愿请求好友或同僚为自己的父母歌功颂德，并借机由他们赞誉求志者的孝行。而最终同意撰文的墓志铭作者，也会对求志者的高价索求做出回应，将墓志铭越写越长。

唐代之后，中国的部分或全部领土多次沦于非汉族皇权的统治之下，契丹人建立的辽代（916—1125）和女真人建立的金代（1115—1234）只掌控了中国的部分地区（金代的地域远超过辽代）。随后，蒙古人建立的元代（1271—1368）和满洲人建立的清代（1644—1912）统治了全国。本书的第八、十四、十五、十九章反映了这些朝代汉人与非汉族统治者间关系的种种形态。有意思的是，这些墓志铭的作者只字不提墓志主与他们的同事或配偶间的种族差异。这是不是因为种族差异（如同社会等级一般）在当时的日常生活中因司空见惯而不足以道？抑或，这是一个过分敏感的话题，根本不宜写入墓志？

现存辽代至清代的墓志铭有多少？目前我们尚未见到一个完整的统计数，不过，随着人口的增长、士人阶层的扩大以及墓志作为丧葬程序的平民化，我们几乎可以肯定，唐代以后的墓志数一定超过了唐代。而且，识字率的提高以及印刷业的兴盛也带动了墓志铭抄本的流传和保存。比如，最近出版的《全宋文》就搜集了近四千五百份墓志，虽然其中的大多数录自宋人文集，但也有一些是发掘出土的墓志。此外，《清代碑传全集》收有墓志约五千五百份。唐以后历代墓志较之前代出版为少，反映了学界对近几百年墓志发掘或编印的忽视。归根结底，其原因在于明清时代的其他史料已经极为丰富了。此外，就纪念性文体而言，唐宋以后，墓志铭不再像以前那样占据主导地位。取而代之的是其他种类的文体，如个人回忆录、为丧葬而作的诗集，以及与丧葬无关的普通百姓的传记。

大部分定型于唐宋之间的墓志铭写作风格在元明清时期得到延续，墓志铭也仍然是一个备受推崇的文学体裁，一些著名文人同时是高产的墓志作者。比如，第十四章中出现的虞集（1271—1348）就留下了89份墓志，第十七章和第二十章中出现的毛奇龄所撰写的墓志铭超过了85份。商人（第十六章）和军人的墓志铭（第十七章）为我们提供了关于官僚机构之外的种种人物的宝贵信息。此外，需要说明的是，本书所选的明清女性墓志的比例要超过实际男女墓志比例，这个决定是基于以下考虑：相比之下，女性在同时期的其他史料中所占比例不大。由家人撰写的女性墓志尤其有其独特价值，故此，我们选择了一份弟弟为长姐撰写的墓志（第十八章）以及一份丈夫为妻子撰写的生志（第二十一章）。此外，我们还收入了一位清代妻子为丈夫撰写的墓志铭（第二十二章）。现存女性撰写的墓志不超过五十份，其中大部分成文于明清时期，这些墓志为我们提供了聆听女性声音的难得的机会。

本书的读者们可以选择以任何顺序来细细琢磨这些墓志，因为它们每一篇都是一个独立的故事。当然，通读全书并对各时期的墓志作比较分析也会让大家受益匪浅。此外，读者还可以选择一组群体（如女性墓志、将士墓志）来进行深入的切磋探讨。

私人传记与正史有何区别？现代读者可能有兴趣了解北宋文人曾巩的看法。在《寄欧阳舍人书》中，曾巩写道，尽管墓志铭和正史的传记在很多方面目的相近，但二者之间的巨大差异在于，"史之于善恶无所不书。而铭者，盖古之人有功德、材行、志义之美者，惧后世之不知，则必铭而见之"。也就是说，史书注重秉笔直书，不为尊者讳。但并非人人都有资格"享有"一方墓志。曾巩认为，墓志铭的功能在于"使死者无有所憾，生者得致其严。而善人喜于见传，则勇于自立"[1]。曾巩对墓志与正史传记差

---

[1] 曾巩《寄欧阳舍人书》，曾枣庄、刘琳编《全宋文》，上海辞书出版社，2006年，第57册，第1246卷，第246页。

异的论述，提醒墓志铭作者以及死者家属在塑造死者的身后形象上斟酌再三。同时，他也暗示，对不配拥有墓志铭而因此更易被历史遗忘的担忧有其一定的社会效益——因为这种"恐惧"可能间接激励世人避恶行善。

第一章

东汉时期的三篇短文

马　姜（34—106）

吴仲山（约92—172）

孔　耽（二世纪八十年代）

这三份文献选自现存墓葬碑志中年代最早的几篇，死者并不曾显赫一时，其中还有一位是女性。这些碑志的着重点是描述墓主的品格以及提供其生平、丧葬等基本信息。

导读：

《马姜墓志》成文于106年，1929年出土于洛阳，很可能是至今已发现的入土墓志中年代最早的一篇。《马姜墓志》不仅提供了志主的生平信息，而且还对她的美德大加称赞。虽然它篇幅简短，却包含了中国传统墓志的基本要

洪适《隸释》

趙錄四之一而近歲新出者亦三十餘趙蓋未見也
既法其字為之韻後辨其字為之釋使學隸者藉書
以讀碑則應應在目而咀味菁華亦翰墨之一助唯
老子張公神費鳳三數碑有撰人名氏若華山亭為
澀而太鑒者財一二爾其文或險而難解
衛覬之文見于它說者如斷圭殘璧亦剥
缺不成章與魏初之文數篇附于後
可寶自劉熹賈逵已下字畫不旦取者皆不著乾道
三年正月八日鄱陽洪适景伯序

隸釋卷第一

孟郁脩堯廟碑　　　　　　帝堯碑

成陽靈臺碑 介陰　　　　　高朕脩周公禮殿記

孔廟置守廟百石碑　　　　韓勑造孔廟禮器碑陰所

韓勑脩孔廟後碑　　　　　史晨祠孔廟奏銘

史晨饗孔廟後碑

　　　　　　濟陰太守孟郁脩堯廟碑

漢永康元年缺月 缺二 宇　惟昔帝堯聖恩慶邑弘彌赫

赫湯湯兵基赤精之胄為漢始別陵氣炎熅上交倉

素——亡者生世、功绩美德、家属成员、丧葬安排、撰志者、请托者。当然，搜罗考证这些偶尔发现的石刻并不是当代考古学家的首创，至晚在宋代，许多文人雅士已经在制作汉代石刻的拓片，出版他们所收集的拓本及相关记录。洪适（1117—1184）就是这样一位收藏家，他收集了185份石刻文献并备写了详细说明。这些石刻不仅包括了墓葬记录，而且还有不少其他种类的文字，比如，纪念修建庙宇、道路以及为地方官歌功颂德的碑文。本章中的第二篇和第三篇墓志就是选自洪适的石刻拓本集——《隶释》。自洪适后，一些好古之士还出版了比汉代更早的石刻资料。

绝大部分现存汉代墓葬石刻并不入棺入土，而是矗立在坟墓之上。此外，汉代墓碑文字大多很简略。本章收入《故民吴仲山碑》（第二篇）是因为它与其他汉代碑文颇为不同——吴仲山家族中没有一位出任过官职，而且文本中还有不少假借字和异体字。第三篇《梁相孔耽神祠碑》中的孔耽长期在一个地方政府机构当下属，不过他也曾一度因一位郡将表病委职而代为行事。与《故民吴仲山碑》相同，《梁相孔耽神祠碑》着重于描写孔耽的个人品格。这篇碑文的与众不同之处是，孔耽不仅自己参与撰写，而且还在生前建造自己的神祠，文中甚至提到建祠的费用！

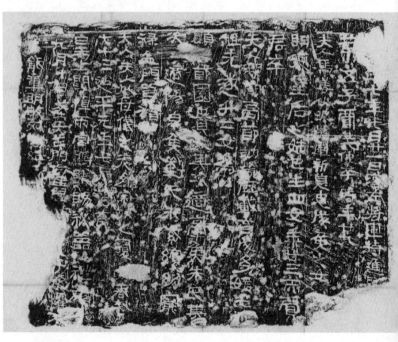

马姜墓志

志文：

马 姜 墓 志

惟永平七年七月廿一日，汉左将军特进胶东侯第五子贾武仲卒，时年廿九。夫人马姜，伏波将军新息忠成侯之女，明德皇后之姊也。生四女，年廿三而贾君卒。夫人深守高节，劬劳历载，育成幼媛，光□祖先。遂升二女为显□节园贵人，其次适鬲侯朱氏，其次适阳皋侯刘氏。朱紫缤纷，宠禄盈门，皆犹夫人。夫人以母仪之德，为宗族之覆。□春秋七十三，延平元年七月□□□薨。皇上闵悼，两宫[1]赗赠，赐秘器，以礼殡。以九月十日葬于芒门旧茔。（下残）子孙惧不能章明，故刻石纪留（下残）[2]

---

[1] "两宫"一般指太后和皇帝或皇帝和皇后，但此处有可能指马姜的两个女儿。

[2] 赵超《汉魏南北朝墓志汇编》，天津古籍出版社，1992年，第1页。

故民吴仲山碑

熹平元年十二月上旬。

吴公仲山，少立名迹。约身刷己，节度无双。不贪仕进，隐匿世间。府县请召，未曾窥城。守鲜贫苦，不豫辉荣。

兄弟三人，居其中央。事长接幼，出入敕详。元少不幸，弃世早亡。乾坤盖载，八十有长。年寿未究，而遭祸央。子孙饮泣，呼招不能。还与世弥尔，感痛奈何何。

惟公德美，布惠州里。远近假求，不言无有。春秋举贷，给与无已。不逆人意，率导以理。市庭沽渠，饮食空亏。收襜遗孤，皆置门里。先亡为葬，幼弱娶妇。受恩者无贩，不能悲嗟，效报社里。其恩捐施，岂谁照矣。

公本有三息，遗孤二庄，无介少德。父有余财，东西南北，不能起楼高殿，棁观采色。宗诸邂逅，连有不得。兼官微傍，象不及大。

孤惭亡父，忧居凤夜。如有空缺，务却筑盖。神零有知，水徂挺页。焉焉矣矣，子孙万岁。[1]

梁相孔耽神祠碑

君讳耽，兄弟三人，君最长。厥先出自殷烈，殷家者质，故君字伯本。初鲁遭亡新之际，苗胄析离，始定兹者，从叔阳以来。

君少治《礼经》，遭元二辕轲。人民相食，舞土茅茨。躬采菱藕，消形瘦腊，以养其亲。慈仁质桷，精静诚信。天授之性，飞其学也。

治产小有，追念祖母，故舞魂构。于是君乎，竭凯风以惆慅，惟蓼仪以怆恨。恃阁郭藏，造作堂宇。增土种柏，孝心达冥。平石上见神蛇，有顷复亡。放笼罗之雉，救穷禽之厄。

小弟升高，游荒畜积。道富财贫，君引共居卅余年。虽赋舛如义合，故天应厥证，木生连理，戍礼一焉。

下则容人，上则洪茂，馨卓流布。县请署主簿功曹，

---

[1]（宋）洪适《隶释》卷9。

府招稽议，郡将乌程沈府君表病委职，署君行事，假谷孰长印绶，总领文书。

年逾皓首，县车家巷。黄髦荒老，背有胎表。孙息敖姚，欢乐寿考。观金石之消，知万物有终始。图千载之洪虑，定吉兆于天府。

目睹工匠之所营，心欣悦于所处。其内洞房四通，外则长庑。功赋合出卅万，以光和五年岁在壬戌夏六月讫成于此行。

夫君子钦美，含歌如颂曰：

君之德兮性自然，蹈仁义兮履璞纯。恻隐至兮神蛇存，皇垂象兮木理连，矜鸟兽兮放舍旃。享戬荣兮景号宣，达情性兮睹未然。永亿载兮传功勋，刊石祠兮示哲贤。[1]

延伸阅读：

董慕达（Miranda Brown）：《中国早期历史上的悼亡政治》（*The Politics of Mourning in Early China*），纽约州立大学出版社，2007年。

---

[1]（宋）洪适《隶释》卷5。

伊沛霞（Patricia Buckley Ebrey）:《后汉时期的碑刻》(Later Han Stone Inscriptions),《哈佛亚洲研究学刊》(*Harvard Journal of Asiatic Studies*) 第40辑，第2期（1980），第325—353页。

（汉）刘向撰，司马安（Anne Behnke Kinney）译:《列女传》(*Exemplary Women of Early China*)，哥伦比亚大学出版社，2014年。

姚平（Yao Ping）:《女性肖像：中国历史早期与中期墓志概观》(Women in Portraits : An Overview of Epitaphs from Early and Medieval China)，收于刘咏聪（Clara Wing-chung Ho）编，《亦显亦隐的宝库：中国女性史史料学论文集》(*Overt and Covert Treasures: Essays on the Sources for Chinese Women's History*)，香港中文大学出版社，2012年，第157—183页。

（姚平、伊沛霞［Patricia B. Ebrey］）

第二章

一位汉族将军为北魏朝当诸军事

司马悦（462—508）

这方墓志铭揭示了一个复杂的政治历史，在这个时代，南朝和北朝宫廷并存，而在一个宫廷失去权力的人可能会在另一个宫廷受到欢迎。

导读：

1979年元月，建筑工人在河南省孟州市西南2.4公里处，发现了北魏司马悦（462—508）的坟墓。尽管墓早就被洗劫了，该墓中仍有十二件陶器和一方保存完好的墓志铭。[1] 该墓志为我们探索温县司马家族（晋朝［265—420］

---

[1] 孟县人民文化馆、尚振明《孟县出土北魏司马悦墓志》，《文物》1981年（第12期），第45—46页，图版肆。

王室）在南北朝时代（317—589）对历史发展的重要影响提供了机会。这个政治分裂的时代，对于了解中国历史是特别重要的，因为这是一个以鲜卑文化和汉族文化融合为特征的时代，而且深刻地影响了随后隋朝（581—618）和唐朝（618—907）的经济、社会、军事和政治方面的发展道路。

当东汉王朝（25—220）在三世纪初崩溃时，中国分裂成三个王国。北方的魏国（220—265）虽然人口最多，而且控制范围包含了传统首都地区长安和洛阳，但其王室逐渐失去了权力，这主要是由于温县司马家族的阴谋诡计。司马家族的力量是从晋宣王司马懿（179—251）协助魏国击败吴国开始积累的。司马懿去世后，他的儿子们通过坚决保持军事权威，继续控制着朝廷。最终，在265年，司马懿的孙子晋武帝司马炎（236—290）接受了最后一位魏王曹奂的禅让，并开始统治西晋王朝，并且在公元280年统一了中国。

然而，这次统一的持久性不及预期，因为就在司马炎死亡之后，司马氏诸王之间爆发了内战。在这场旷日持久的冲突之后，非汉族人（匈奴、羯、氐、羌、鲜卑）几次发起了针对弱势的晋朝的战役。到317年，西晋朝廷因不

魏故持節督豫州諸軍事征虜將軍漁陽縣開國子豫州刺史司馬悅墓誌銘

君諱悦字慶宗河内温縣都郷孝敬里人也明啟之後琅琊王之孫故康侯之中子也

王之孫故康侯之中子也惟公秀氣雲飛之標開府儀同三司温縣開國侯之胄

根蕃葉世為魏君永流誕姿洪靈玄鑒洞照敏智早成威震遐城飛崔翩翩

司馬悅墓誌

再能抵御五胡的威胁而被迫放弃首都地区（洛阳和长安），逃往建康（南京），这一转变标志着东晋时期（317—420）的开始。在这种心理上的震惊感和经济上的毁灭性变化中，中国经历了长达270年的政治分裂。与此同时，南朝与北国为取得一统天下的王权而长期争斗。这篇墓志铭的主人司马悦和他的祖先，正是活跃于北魏（386—534），一个拓跋氏族统治北方的时代。

司马悦的祖父司马楚之（390—464）是司马懿的弟弟——东武城侯司马馗——的第八代后裔。当司马楚之十七岁时，他父亲司马荣期被一位下属杀死了。司马楚之陪同父亲的遗体前往东晋首都建康附近的丹阳进行埋葬。在建康时，雄心勃勃的将军刘裕（刘宋武帝，420—422年在位）在巩固了他的权威以后，开始了一项夺取东晋政权的计划。司马家族的许多成员受害了。司马楚之的叔叔司马宣期和哥哥司马贞之都被杀害。司马楚之本人因躲藏在佛教寺院中而得以逃脱。不久以后他越过长江，向另一位叔叔——荆州刺史司马休之寻求保护。而当司马休之的军队被刘裕击败时，司马楚之别无选择，只能逃往北方。

司马楚之在淮水以北建立了自己的根据地，目的是对当时宣布自己为刘宋朝皇帝的刘裕发动反击。司马楚之迅速集结了几千人，组成一支可畏的军队。刘裕感到忌惮，并派出刺客去杀他。司马楚之以非常谦逊和尊敬的态度接待了刺客。刺客大受感动，透露了自己的刺杀计划，并成为司马楚之的支持者。此后，北魏皇帝派使者去观察司马楚之是否构成威胁。司马楚之接待这位使者时争辩说，如果得到宫廷的官方认可，他可以更有效地为北魏朝服务。后来，北魏皇帝授予他为征南将军，并任命他为荆州刺史。司马楚之帮助北魏的军队击败第二位刘宋皇帝发动的一次重大的战役，夺回了洛阳和黄河以南的一块领土。

司马楚之后来与河内公主结婚，并被任命为北魏宫廷侍中。他的儿子司马金龙（卒于484年）更是融入了鲜卑精英阶级。他与陇西王的女儿结婚，逝世后被葬在当时北魏的首都平城外（今属山西省大同市）。司马金龙的坟墓在1965年被发现，考古家进行挖掘时，找到了数百件精美的墓葬品。[1]

在五世纪末，北魏孝文帝（471—499年在位）制定了一项雄伟的计划，即根据汉族模式来构建北魏国家。在

---

[1] 山西省大同博物馆、山西省文物工作委员会《山西大同石家寨北魏司马金龙墓》，《文物》1972年（第3期），第39—44页。

司马悦墓志

公元494年至499年的五年中，孝文帝发布了一系列法令，旨在缩小鲜卑人和中原汉人之间的文化鸿沟。他禁止穿非汉式服装，要求在宫廷的辩论上使用汉文，坚持使用汉文的度量衡，下令朝臣必将其鲜卑名字改为汉人名字（皇室姓改为元），并敦促精英阶层的成员按照儒家之礼来哀悼死者。而且，最重要的是，他决定将北魏首府从平城迁至洛阳。此举在494年进行，旨在加强北魏对富饶的南部地区的统治，更有效地控制征兵、税收和农业经济。首都迁址一年后，孝文帝又颁布了一项法令，命令居住在洛阳的精英人士死后必须埋葬在新都洛阳，家人不得将死者的遗体送回北方。换句话说，拓跋精英人士被重新归类为洛阳人。

这篇墓志的主人司马悦是司马金龙的第三个儿子。在墓志铭的第一段中，作者列出了他父亲和祖父令人印象深刻的贵族等级和职务。通过强调司马悦的优良血统，墓志的作者既承认了司马氏祖先的成就，又巩固了家族对长久以来精英地位的要求。第二段赞美司马悦所拥有的许多优秀特质和道德品行，并申明他很年轻的时候就开始受到人们的称赞。然后，志文罗列了他在官僚机构中的职位、晋升过程以及在官位时的兢兢业业。这种叙述有效地说服了读者：司马悦对北魏政权的坚定忠诚只是延续他祖父和父亲所倡导的忠实服务的传统。

司马悦墓志铭的第三段告诉读者，他不仅在494年陪同北魏宫廷前往洛阳，而且皇帝的弟弟咸阳王元禧（卒于501年）视他为"英彦"之士。显然，对司马悦的钦佩有一部分是因为他有能力公平地对待当地的汉人，这意味着他可以有效地与已经居住在洛阳周边地区的汉人进行谈判，从而促使他们接受北魏对该地区的直接统治。由于他的成功，他在领导军事上被赋予了更大的信任和责任。

司马悦还参与了保护淮水以南北魏郡县的战役，使其免受萧梁军队的侵害。司马悦墓志铭的第四段反映了他对击败梁朝军队的贡献。为了表扬他协助击退梁朝的袭击，司马悦被任命为豫州刺史。不幸的是，他无法享受这一特殊荣誉，因为在508年，他被自己的一些下属谋杀了。叛兵设法击败司马悦的保镖，将他杀害，并将他的头颅交给了梁武帝。墓志铭用含糊的言语描述了这场悲剧："衅机窃发，祸起非虑。"

司马悦508年去世，但是在511年才安葬。这将近两年半的间隔，可能是因为他的家人不想埋葬他不完整的尸体。叛乱平息后不久，一位北魏将军从梁朝军队手中夺回了领土，并谈判以交换两名囚犯为代价换取司马悦的头颅。经过这次交易，司马悦的葬礼得以进行。

仔细阅读司马悦的墓志铭可以帮助我们更了解中国中古时代人们所经历的许多方面的事，如他们转变政治忠诚的动机，精英声望的脆弱，种族认同的复杂性，以及那些与草原有着深厚关系的人民和那些拥有华夏文明传统价值观的人民彼此相遇的结果。

志文：

魏故持节督豫州诸军事征虏将军渔阳县开国子豫州刺史司马悦墓志

君讳悦，字庆宗，司州河内温县都乡孝敬里人也。故侍中征南大将军开府仪同三司贞王之孙，故侍中开府仪同三司吏部尚书司空公康王之第三子。先是庶姓犹王，封琅琊王。故贞康二世，并申上爵。

君禀灵和之纯气，含雄姿于岳渎，神识超畅，玄鉴洞发。梗概之风，岐嶷而越伦；卓尔之秀，总角而逸群。临艰亢节，建贞白之操，所谓金声玉振之也。年十四，以道训之胄，入侍禁墀。太和中，司牧初开，纲诠望首。以君地极海华，器识明断，擢拜主簿，俄迁司空大将军二府司马。赞务台铉，厘格地里。

皇舆迁洛，肇建畿域，澄简九流。帝弟咸阳王，以亲贤之寄，光莅司牧，博选英彦。自非人地金允，莫居纲任。以君少播休誉，令名茂实，除宁朔将军司州别驾。翼佐徽猷，风光治轨。

君识遵坟典，庭训雍缉，男降懿主，女徽贵宾，姻娅绸叠，咸联紫掖。出抚两邦，惠化流咏。再牧郢豫，江黔被泽。折胜筹略，经谟周远，谋拔义阳，略定随陆，席卷三关，开疆千里。勋绩骤彰，再莅豫土，衅机窃发，祸起非虑。春秋卅有七，永平元年十月七日薨于豫州。

皇帝哀悼，朝野悲叹，死生有命，修短定期。斯贤而遇斯祸，以其新拔，众窨可知。遣中黄门缑荣显吊祭，赠帛一千匹，营护丧事。越四年二月丁卯朔十八日甲申，卜窆于温县西乡岭山之阳。朝遣谒者，策赠平东将军青州刺史，谥曰庄，礼也。乃刊幽石，式照芳烈。其辞曰：

赫赫洪宗，振晖四海。琼根玉叶，世为魏宰。君承华液，诞姿淑灵。玄鉴洞照，敏智早成。在家孝睦，忠蹇王庭。比玉之润，方响金声。如彼孤松，干云乃青。如彼皎同，寒雾独明。肃警龙骖，两宫荷荣。东阁西台，出处有馨。分竹二邦，化流民咏。作牧郢豫，威振边城。绥荒柔附，泽沾江氓。功立名章，宜享遐龄。如何遭命，迫然潜形。卜窆有期，兆宅岭山。飞旌翩翩，将宅幽庐。扃关既掩，霜生垄间。式刊玄石，永祀标贤。

大魏永平四年岁在辛卯二月丁卯朔十五日辛巳建。[1]

延伸阅读：

戴高祥（Timothy M. Davis）:《墓中的石刻与中古纪念文化：早期墓志铭的发展史》（*Entombed Epigraphy and Commemorative Culture in Early Medieval China: A History of Early Muzhiming*），博睿学术出版社（Brill），2015年，第288—305页。

葛德威（David A. Graff）:《中国中古军事史，300—900》（*Medieval Chinese Warfare, 300—900*），劳特利奇出版社（Routledge），2002年。

---

[1] 赵超《汉魏南北朝墓志汇编》，天津古籍出版社，1992年，第57—59页。

何肯（Charles W. Holcombe）:《中国历史上的鲜卑》(The Xianbei in Chinese History),《中国中古研究》(*Early Medieval China*) 第14辑（2013），第1—38页。

陆威仪（Mark Edward Lewis）:《分裂的帝国：南北朝》(*China Between Empires: The Northern and Southern Dynasties*)，哈佛大学贝尔纳普出版社（Belknap），2009年。此书中译版，李磊译，周媛校，中信出版社，2016年。

（戴高祥［Timothy M. Davis］）

第三章

两度守寡的鲜卑王女

元纯陀（475—529）

元纯陀两度守寡后出家为尼，并决定不与亡夫合
葬，显示了中古女性在思想上和制度上的另类选
择，她的人生为族群、阶级与性别历史分析提供了
有益的切入点。

导读：

北魏由游牧民族拓跋鲜卑所建，自黄河北部南渐扩
张，在四世纪末形成强大势力。439年统一北方，建立北
魏后，拓跋氏逐步采行有效治理中原农业人口的政策。文
明太后（441—490）摄政时期，颁行俸禄制、均田制和三
长制。孝文帝（467—499）亲政后继续推动汉化：迁都洛

阳，禁胡服胡语，促胡汉通婚，改用汉姓，并易拓跋为元以为表率。除朝廷尊孔之外，皇室成员亦多崇信佛教者。佛教自东汉抵华，在中古时期蓬勃发展，北魏末年时都城中佛寺林立，乃至后人撰《洛阳伽蓝记》缅怀盛况。佛教对女性别具吸引力，北魏两位女主，摄政的文明太后和灵太后（491—528）都曾支持佛教。女性削发为尼，是嫁为人妻之外的另一种出路，寡妇出家亦得尊重，甚或受亲友鼓励。

本篇志主元纯陀正是生活在此一政治变迁而文化多元的时代，她的墓志在二十世纪初出土，拓片图像和释文数十年后才出版，而相关研究则迟至二十世纪九十年代始见。上世纪末，学者努力搜寻古代妇女史的资料时，这位六世纪比丘尼独特的背景和多舛的人生终于引起注意。

元纯陀出身北魏皇室，祖父拓跋晃曾为太子但未尝即位，追谥景穆，庙号恭宗，父亲任城王拓跋云，墓志仅描绘其慈爱形象，实为孝文帝登基的推手。纯陀及笄，先嫁拓跋氏长期政军伙伴穆氏，丧夫后再嫁汉人将领为继室。此时寡妇再嫁并不罕见，且常作为贵族联姻巩固政军社经力量的手段。纯陀的初次婚姻为时虽短，却生有一女，其子日后成为她晚年依托。墓志中称此外孙西河

元纯陀墓志

王，亦姓元，可知鲜卑贵族间互通婚姻依旧频繁。纯陀兄元澄（467—519），墓志称文宣王，是汉化政策的核心人物，却主导她再嫁邢峦（464—514）。邢峦亡妻尝留一子，纯陀养育他"恩鞠备加""隆于己出"。尽管墓志称她"诗书礼辟，经目悉览"，但邢峦逝后她即出家，可见女性在儒家之外的其他选项。北魏朝廷尚未如唐代般要求僧尼注籍特定寺庙，并限定居住其中，墓志显示，纯陀曾往外孙别馆生活，唯不知当时女儿是否仍然健在。另一难确定的是墓志作者，因全篇并无题名。但从志题称"邢公继夫人"，而志文着墨再婚生活，推测应为邢家主导撰写。然而纯陀的行动较诸文字更能彰显其认同归属，她既未在邢家终老，也不愿与邢峦合葬，和儒家礼法或当时习俗皆有落差。

元纯陀享年五十五岁，和此时期女性平均余命相当，去世一月后，于529年冬下葬。尽管她"一生契阔，再离辛苦"，墓志作者仍代表亲友在铭文最末表达祝福："蕙卧兰畹，无绝芬芳。"确实，一千五百年后，元纯陀的名字依然流传，她的鲜卑族源、皇室背景，和两度守寡的人生，为今日学者提供了从族群、阶级与性别角度探幽访微的契机。

志文：

魏故车骑大将军平舒文定邢公
继夫人大觉寺比丘元尼墓志铭并序

夫人讳纯陀，法字智首，恭宗景穆皇帝之孙，任城康王之第五女也。蟠根玉岫，擢质琼林，姿色端华，风神柔婉。岐嶷发自龆年，窈窕传于卯日。康王偏加深爱，见异众女，长居怀抱之中，不离股掌之上。始及七岁，康王薨徂，天情孝性，不习而知，泣血茹忧，无舍昼夜。初笄之年，言归穆氏，勤事女功，备宣妇德。良人既逝，半体云倾，慨绝三从，将循一醮，思姜水之节，起黄鹄之歌。兄太傅文宣王，违义夺情，确焉不许。文定公高门盛德，才兼将相，运属文皇，契同鱼水，名冠遂古，勋烈当时。婉然作配，来嫔君子，好如琴瑟，和若埙篪，不言容宿，自同宾敬。奉姑尽礼，克匪懈于一人；处姒唯雍，能燮谐于众列。子散骑常侍逊，爰以咳褓，圣善遽捐，恩鞠备加，慈训兼厚，大义深仁，隆于己出。故以教伴在织，言若断机，用令此子，成名克构。兼机情独悟，巧思绝伦，诗书礼辟，经目悉览，纮綖组纴，入手能工。稀言慎语，白珪无玷，敬信然诺，黄金非重。巾帨公宫，不登袨异之服；箕帚贵室，必御浣濯之衣。信可以女宗一时，母仪千载，岂直闻言识行，观色知情。及车骑谢世，思成夫德，夜不洞涕，朝哭衔悲。乃叹曰："吾一生契阔，再离辛苦，既惭靡他之操，又愧不转之心。爽德事人，不兴他族。乐从苦生，果由因起。"便舍身俗累，托体法门，弃置爱津，栖迟正水。博搜经藏，广通戒律，珍宝六度，草芥千金。十善之报方臻，双林之影遄灭。西河王魏庆，穆氏之出，即夫人外孙，宗室才英，声芳藉甚，作守近畿，帝城蒙润。夫人往彼，遘疾弥留，以冬十月己酉朔十三日辛酉，薨于荥阳郡解别馆。子孙号慕，缟素兴嗟。临终醒寤，分明遗托，令别葬他所，以遂修道之心。儿女式遵，不敢违旨。粤以十一月戊寅朔七日甲申，卜窆于洛阳城西北一十五里芒山西南，别名马鞍小山之朝阳。金玉一毁，灰尘行及。谨勒石于泉庐，庶芳菲之相袭。其辞曰：

金行不竞，水运唯昌。于铄二祖，龙飞凤翔。继文下武，叠圣重光。英明踵德，周封汉苍。笃生柔顺，克诞温良。行齐樗木，贵等河鲂。莲开渌渚，日照层梁。谷蕈葛藟，灌集鹂黄。言归备礼，环珮铿锵。明同折轴，智若

埋羊。惇和九族，雍睦分房。时顺有极，荣落无常。昔为
国小，今称未亡。倾天已及，如何弗伤。离兹尘境，适彼
玄场。幽监寂寂，天道芒芒。生浮命促，昼短宵长。一归
细柳，不反扶桑。霜凝青槚，风悲白杨。蕙卧兰畹，无绝
芬芳。

　　维永安二年岁次己酉十一月戊寅朔七日甲申造。[1]

延伸阅读：

李贞德（Jen-der Lee）:《六朝女性生活》(The Life of Women in the
　　Six Dynasties),《妇女与两性学刊》(*Journal of Women and
　　Gender Studies*) 第4辑（1993），第47—80页。

李贞德（Jen-der Lee）:《公主之死：中世早期家庭伦理的法制
　　化》(The Death of a Princess-Codifying Classical Family Ethics
　　in Early Medieval China)，收于牟正蕴（Sherry J. Mou）编，
　　《存在与呈现：中国士大夫传统中的妇女》(*Presence and
　　Presentation: Women in the Chinese Literati Tradition*)，圣马丁
　　出版社，1999年，第1—37页。

李贞德（Jen-der Lee）:《一位三世纪乳母徐义的墓志铭》(The
　　Epitaph of a Third-Century Wet Nurse, Xu Yi)，收于田菱（Wendy
　　Swartz）、康儒博（Robert F. Campany）、陆扬（Yang Lu）、朱

---

[1] 颜娟英主编《北朝佛教石刻拓片百品》，台湾"中研院"历史语言研究
所，2008年，第69—70页。

隽琪（Jessey Choo）编，《中古早期史料集》（*Early Medieval China: A Sourcebook*），哥伦比亚大学出版社，2014年，第458—467页。

李贞德（Jen-der Lee）:《女性、家庭及性别化的社会》（Women, Families and Gendered Society），收于丁爱博（Albert E. Dien）、南恺时（Keith N. Knapp）编，《剑桥中国史》第二册《六朝》（*Cambridge History of China, Vol. 2: The Six Dynasties*），剑桥大学出版社，2019年，第443—459页。

（李贞德）

自撰墓志铭

王　绩（约590—644）
王玄宗（633—686）

这两份自撰墓志铭的意义在于，它们冲击了人们以为自传更为真实可靠的想法，同时还反映了隋末唐初古文运动的萌芽以及道教观念实践在隋唐贵族生活中的普遍性。

导读：

唐代自撰墓志铭现存两个比较早的例子是王绩（约590—644）的《自撰墓志铭》和王玄宗（633—686）的《大唐中岳隐居太和先生琅耶王征君临终口授铭并序》。隋末唐初这大约一百年间，政治、社会和文化方面有非常多的改变。在这段时期，隋唐统一了中国，首都定在长安、洛阳；科举制度成立；道家和佛家的影响广泛深入民间；复古和古文运动开始萌芽。后两者的影响在这两篇墓志铭的内容和风格上展现得尤其明显。

这两篇墓志铭反映出，在这段时期，道教的理念和实践是如何深入到社会精英的知性生活以及宗教生活中的。此外，王绩在他的墓志铭中使用的较为口语化的词汇和句法，充分体现了后来古文运动派所提倡的精髓，他的墓志与王玄宗的墓志有着强烈的反差。因后者采用了唐初早期写作中所偏爱的华丽风格，而且遵行结构，并使用众多典故。

自传文在传统的中国文坛上相对少见，自撰墓志铭更是特别罕见，目前为止唐朝一代只发现不到二十篇。虽然数量不多，这些自撰墓志铭是了解唐朝很重要的史料来源，它们不仅包含了在他处找不到的重要历史背景，同时也帮助现今读者领会唐代文人是如何塑造他们死后形象的，有助于我们诘问自传文的可靠性和真实性。虽然我们在阅读这些作品时，很容易相信作者是真实地描写了他们的想法与经历，但实际上，他们的写作还是会受到他人的修订或篡改，就像其他墓志铭一样。这一点在王玄宗的自传文里特别明显，玄宗的弟弟绍宗在玄宗的口述文前添加了一段很长的序文，旨在提高他们家族以及家人的名声。

王绩出生于一个"六世冠冕"之家。他天性好学，而且不限于专攻传统儒学。他在《晚年叙志示翟处士》中写到，他年轻时"无事不兼修"，包括"占星""学剑"等。尽管他才智过人、博学多识，并且拥有良好的家庭背景，但他的仕途却毫无可取之处。公元610年（或614年）他举孝悌廉洁科，却只是短暂任职于秘书正字，后请调为六和县丞。不久他就推称有病，辞官回家。唐武德中，王绩被征为门下省待诏，但多年未得到正式职位，贞观初乃"以疾罢归"。贞观中，因为有个太乐府史焦革"家善酝酒"，王绩于是"苦求为太乐丞"，不幸的是，在他上任不久焦革就去世了。数月后，王绩第三次辞官归隐。

在他的自作墓志中，王绩把他自己描述成一个有原则的君子，身处在尘世却与尘世保持一段距离。王绩利用了几个不同的方式来塑造这个形象。首先，他没有提到他的世家、门第、社交关系和仕途。第二，他利用许多"否定"的词汇来自我定义，强调他所没有的（无朋友、无功、无闻）、所不在乎的（无所之、无所据）和所不屑的（不对、不读书、不知荣辱、不计利害）。第三，他在自作墓志文中引用很多道家的典故，尤其是庄子的事迹。譬如，他给自己取字为"无功"，这是来自《庄子·逍遥游》篇中的"神人无功"句。他鄙视无谓的言论，于是"箕踞"不回答；他强调"无所之""无所据"的无意心境。此外，他还在他的铭中引用了《庄子·大宗师》篇的句子："以生为附赘悬疣，以死为决疣溃痈。"王绩在他的自撰墓志文中暗示，他自己是一个"游方之外"者，因而不羁于传统的社会准则。

在王绩的文章中，"酒"是一个常出现的题材，他用醉酒来隐喻对"道"的深刻理解。对王绩来说，酒醉和开悟相似，两者都能让人体察、认知真假之间的差异。他形容自己"以酒游于乡里"，更加强调他无拘无束的行径和对道家精神的推崇。

王绩的墓志全文都是由他自己亲手写的，与之不同的是，王玄宗的"口授铭"只有部分是玄宗自己写的。序文中前半部分是由他的弟弟王绍宗写的，其内容详尽地描述玄宗生前的境遇，然后再衔接上玄宗的自传口授文部分。这一部分在记事上和修辞上有几个重要的作用。首先，绍宗的叙述不仅仅为玄宗的口述添加了戏剧性效果，而且还为它提供真实性和可靠性。第二，绍宗提到，他遵循了玄宗口授中的后事处理要求。在口授中，玄宗明确声称："终后可归我于中顶旧居之石室。"在绍宗的文章里，他详尽地描述了玄宗"触处而安"的人品，所以家人"不须择日，单车时服，不俟营为"，简单地"但托体山阿而已"。绍宗和玄宗的序文公开显示了，所有后事的安排都是顺应玄宗自己的希冀。

最后，绍宗写的序文里还添加了玄宗口授文中所缺失的细节，使其内容更加符合墓志铭的文体惯例。其所提到的细节包括玄宗死亡的日期和地点、玄宗所撰写的真诰注解和玄图秘录，以及他和名道士的交游事迹，其中最出名的无疑是高宗和武则天曾多次前往拜访的"升真潘先生"（潘师正，585—684）。

志文：

自撰墓志铭

王　绩

王绩者，有父母，无朋友，自为之字曰无功焉。人或问之，箕踞不对。盖以有道于己，无功于时也。不读书，自达理。不知荣辱，不计利害。

起家以禄位，历数职而进一阶，才高位下，免责而已。天子不知，公卿不识。四十五十，而无闻焉。

于是退归，以酒德游于乡里。往往卖卜，时时著书。行若无所之，坐若无所据。乡人未有达其意也。尝耕东皋，号"东皋子"。身死之日，自为铭焉。曰：

有唐逸人，太原王绩。若顽若愚，似矫似激。院止三径，堂唯四壁。不知节制，焉有亲戚？以生为附赘悬疣，以死为决疣溃痈。无思无虑，何去何从？垄头刻石，马鬣裁封。哀哀孝子，空对长松。[1]

大唐中岳隐居太和先生琅耶王征君临终口授铭并序

季弟正议大夫行秘书少监东宫侍读
兼侍书绍宗甄录并书

伊垂拱二岁孟夏四日，恍惚寅卯之际，吾六兄同人见疾大渐惟几，将迁冥于未始，委化于伊洛之间，侨居惠和里之官舍。自古有死，於乎哀哉！

他日先诰其第七弟绍宗曰：吾宅住玄乡，保和仁里，寄迹群有，游心太无，乘阳以生，遇阴而灭，物之恒也，汝固知之。吾化后，汝可依道家无为之事，诸子侄行儒教

---

[1] 周绍良编《全唐文新编》，吉林文史出版社，1999年，卷132，第1478页。

王玄宗墓志（篆额）

王玄宗墓志

丧纪之迹。吾闻精神者，天之有也；形骸者，地之有也。触处而安，不须择日；单车时服，不俟营为。绍宗敬奉绪言，不敢失坠。

此时沛国桓先生道彦亦在吾兄之侧，因歔欷而报曰：此真率之理，道流所尚，有情有信，安敢违之。

其后升真潘先生门徒，同族名大通，越中岳而来，自远问疾，知吾兄真命已毕，又申劝曰：傥或不讳，愿归神中顶石室之中。曩者升真临终，亦令宅彼，况与先师平生居止，宿昔神交，冥期不沬，宜还洞府。再三敦请，则又从之。乃曰：此吾迹也，重遗尔意。若然，不须别凿堂宇，恐伤土石，但托体山阿而已。吾尝幽赞真诰，肇创玄图秘录，别详内本，人境不传。如或不忘款志，傥存其兆，可取一块青石，其上有自然平者，刊刻为字，俾诸来裔知吾之用心也。其铭文皆力疾绵微，勉情牵课，含精寓爽，藉响乘光，仿佛暧昧，不获已而口授之。外姻密友，凭其考行，强号曰太和先生，庶追道迹，光众妙也。其铭曰：

於戏！昔有唐氏作，吾中遇而生，姓王名玄宗，字承真，本琅邪临沂人，晋丞相文献公十代孙。陈亡过江，先居冯翊，中徙江都，其肇锡考系，则国史家谍具矣。降年五十有五，直垂拱二年四月四日，顺大衍之数，奄忽而终。终后可归我于中顶旧居之石室，斯亦墓而不坟，神无不在耳。且伊洛之闲，迺昔者周南之域，吾祖上宾之地，吾身得姓之乡。反葬中岳，几不忘本也。举手长谢，亦复何言。示人有终，乃为铭曰：

冯冯太清，悠悠太宁。混沌无我，其中有精。忽然为人，时哉及形。理通寂感，阴聚阳并。知常得性，绝待忘情。道无不在，神无不经。幽传秘诀，默往仙京。万物共尽，吾何以停？归于真宅，此室冥冥。不封不树，无状无名。托体嵩石，言追洛笙。玄来十洞，驱驰八灵。风云聚散，山水虚盈。谷神不死，我本长生。[1]

延伸阅读：

巴雷特（Timothy H. Barrett）：《唐代的道教：中国历史鼎盛时期的宗教与帝国》(*Taoism under the Tang: Religion and Empire during the Golden Age of Chinese History*)，威尔斯威普出版社（Wellsweep），1996年。

贺碧来（Isabelle Robinet）：《上清》(Shangqing [Highest Clarity])，收于玄英（Fabrizio Pregadio）编，《道教百科全书》第2辑

---

[1]　周绍良、赵超编《唐代墓志汇编》，上海古籍出版社，1992年，第744页。

（*The Encyclopedia of Taoism*，vol. 2），劳特利奇出版社（Routledge），2008年，第858—866页。

丁香（Warner, Ding Xiang）:《鸾凤群飞，忽逢野鹿：王绩诗词研究》（*A Wild Deer and Soaring Phoenixes: The Opposition Poetics of Wang Ji*），夏威夷大学出版社，2003年。

温马修（Matthew V. Wells）:《中国历史上想象/误解自我：早期传记写作中的记忆与真相》（[Mis]conceiving the Self in Early China: Memory and Truth in Early Chinese Autobiographical Writing），收于柯学斌（Anthony E. Clark），《打鬼焚书：对中国、日本、西方的态度》（*Beating Devils and Burning Their Books: Views of China, Japan, and the West*），亚洲研究学会，2010年，第133—154页。

温马修（Matthew V. Wells）:《死而不朽：早期中国自传与长生思想》（*To Die and Not Decay: Autobiography and the Pursuit of Immortality in Early China*），亚洲研究学会，2009年。

（迪磊 [Alexei K. Ditter]）

第五章

妻子追怀丈夫

曹　因（约七世纪）
何　简（686—742）

本章介绍现存最早的由女性撰写的墓志，它们为现代读者传递了唐代女性的声音，并使我们得以窥测唐代女性的婚姻观、社会性别角色观、社会等级观念，以及她们对生死的思考。

导读：

在传统中国社会中，许多上层家庭培养女孩读书写字，也有不少女性成为出色的作家和诗人。从现存资料来看，唐代上层社会女性似乎有很高的教育程度。唐代男性撰写的文章经常提到，在孩童时期，他们的母亲是如何亲执诗书，诲而不倦，为他们日后的科考和仕途成功奠定基础的。唐代女性墓志也经常提到志主幼年时期谙熟女训、聪慧好学。唐代女性是如何发挥自己的文字才能的？对她们来说，在修女德、教子女之外，识字习文有没有其他的功用？她们对传统文学和哲学的理解程度如何？所幸的是，至今为止，至少有四份唐代女性撰写的墓志保存了下来，这至少证明，唐代女性也参与了这一日趋盛行的文体的写作。更重要的是，这些墓志还为我们提供了有关唐代女性的家庭观和性别观等方面的第一手资料。

在这一章中，我们考量两份妻子为丈夫撰写的墓志。《曹因墓志》很可能是现存最早的女性撰写的墓志，它最初收在宋代学者洪迈（1123—1202）的文集——《容斋随笔》中。洪迈提到，此志于1197年由当时的上饶尉发掘出土，不过，他没有提及录文者是谁。洪迈很可能对志文作过删减，因为这篇墓志没有提到死者的生卒年代以及丧葬安排，而这两项是唐代墓志中最基本的内容。从曹因的祖父和父亲都在唐高祖朝（618—626）担任官职来看，他很可能是在太宗年间（626—649）去世的。《何简墓志》成文于742年，撰者是何简之妻辛氏。此志行文简短，但其风格与结构与唐代墓志基本一致。

《曹因墓志》和《何简墓志》反映了唐代家族史中的

两个相反的事例。曹因出生世家，但三次科考均未登第，因而以一介平民终其身。相比之下，何简却是家族中第一个以科举进仕的。虽然这两篇墓志所体现的只是个例，但它们至少间接地反映了唐代的社会阶层流动性。

有意思的是，这两篇墓志还传递了两种不同的人生态度。曹因一生屡遭挫折，英年早逝。但是他的妻子周氏却并不为这些常人视为命运不济之事所干扰，她坦言道："肖形天地间，范围阴阳内，死生聚散，特世态耳。何忧喜之有哉！"周氏的态度显然与"庄周丧妻，鼓盆而歌"一脉相承。在庄子看来，生与死即如四季之变化，都是自然世界的一部分。与之相反，《何简墓志》的作者辛氏却因丈夫去世而悲痛欲绝，并立以柏舟之誓。而且，辛氏在墓志中将丈夫描写为一个真正的君子，其一生所作所为无不体现了儒家的美德伦理。辛氏的文字优美动人，并在多处以儒家典故来凸现何简的品行。比如，她以《论语》中的"克己复礼"以及孔子弟子子羔（"执亲之丧也，泣血三年"）和颜回（"回也不改其乐"）的典故来赞美丈夫的正直、孝顺和坦荡。她还引用了《礼记》中孟敬子的典故来形容何简对礼制的谙熟和尊重。"柏舟之誓"的典故出于《诗·邶风·柏舟》，汉代以来多以此为女性坚贞不二的表白。此外，这篇墓志的"铭"部分也大量引用了《论语》中的词汇和典故。

这两方墓志在文风和世界观上的差异，很可能是两位作者社会地位和地域上差异的结果。周氏很可能来自上饶地区的平民家庭，而辛氏与丈夫何简则住在都城长安。周氏嫁给曹因之际，曹家似乎已经处在上层社会之外，因此，道家修真养性和回归自然的理念可以使她对生活的一切泰然处之。而辛氏则嫁给一个新近加入统治阶层的进士，她对儒家价值观的热忱渲染也是在情理之中的。然而，周氏和辛氏也有一个共同之处，那就是她们对哲学传统的谙熟以及将之融会贯通在生活之中的能力。

曹因和何简的墓志还反映了唐代对婚姻和谐的追求。事实上，琴瑟之美是唐代墓志中常见的主题之一，在为妻子撰写的墓志中，我们可以读到不少丈夫的温情回忆以及他们立誓不再娶之类的文字。唐代墓志还反映出，夫妇合葬的现象非常普遍，约有45%的已婚者墓志记录了死者是与配偶合葬的。可以想象，在余下的55%的墓志中，一定有不少其配偶尚未过世或配偶与前妻前夫合葬的。因此，我们可以推断，唐代夫妇合葬的比例是很高的。此外，虽然大部分合葬墓中夫妇各有墓志，但也有不少家庭选择合

何简墓志

志，现存的唐代夫妇合志就有二百多份。

女性所撰墓志存留甚少，这两份墓志传递了非常珍贵的女性声音。

志文：

曹因墓志

周　氏

君姓曹名因，字鄙夫，世为番阳人，祖、父皆仕于唐高祖之朝。惟公三举不第，居家以礼义自守。及卒于长安之道，朝廷公卿，乡邻耆旧，无不太息。惟予独不然，谓其母曰：家有南亩，足以养其亲；室有遗文，足以训其子。肖形天地间，范围阴阳内，死生聚散，特世态耳。何忧喜之有哉！

予姓周氏，公之妻室也，归公八载，恩义有夺，故赠之铭曰：

其生也天，其死也天，苟达此理，哀复何言！[1]

---

[1] 周绍良、赵超编《唐代墓志汇编》，上海古籍出版社，1992年，第124页。

大唐故左威卫仓曹参军庐 江郡何府君墓志铭并序

妻陇西辛氏撰

君讳简，字弘操，庐江人也。曾祖员，祖豪，考珪，不仕，皆好幽静，避世隐居。至君博学道高，温恭志肃，以进士及第，解褐扬州高邮主簿。在任洁白能仁，清勤动众，再授左威卫仓曹参军。丁内忧去职。于制悲裂，情异众人。恻怛之心不忘，伤肾之意无改。泣常流血，以类羔柴。居服有仪，同乎敬子。遂成寝疾，已入膏肓。针乃无瘳，药攻不及。以天宝元年六月十九日卒于河南县郭化坊之里第，春秋五十有七。

君金玉不宝，忠信代之。积聚不祈，多闻为富。长闻陋巷人不堪忧，君也处之不改其乐。

以其年七月卅日权殡于城北，礼也。身欲随没，幼小不可再孤，一哭之哀，君其知否？是以柏舟已誓，匪石不移，刊石为铭，以存终古。辞曰：

忆昔府君，复礼为仁。学以修德，文以立身。笃信于友，克孝于亲。天道何怨，歼此良人。佳城郁郁，陇树依依。千秋万岁，长处于兹。[1]

延伸阅读：

珍妮·拉森（Jeanne Larsen）译：《柳酒镜月：唐代女性诗作》(*Willow, Wine, Mirror, Moon: Women's Poems from Tang China*)，BOA Editions 出版社，2005年。

姚平（Yao Ping）：《唐代女性墓志综览》(Women's Epitaphs in Tang China [618—907])，收于季家珍（Joan Judge）、胡缨（Ying Hu）编，《重读中国女性生命故事》(*Beyond Exemplar Tales: Women's Biography in Chinese History*)，加利福尼亚州大学出版社，2011年，第139—157页。此书中译版，江苏人民出版社，2011年。

（姚　平）

---

[1] 周绍良、赵超编《唐代墓志汇编》，上海古籍出版社，1992年，第1540页。

第六章

出嫁亡女，早殇之孙

独孤氏（785—815）
权顺孙（803—815）

这些具体、私密且动人的传记，体现了唐代妇女和
幼年男性的理想德行典范，并描绘出一个由出身与
世系构成其社会关系与政治地位的世界。

导读：

如今存世的八九世纪士人文集，给了我们观察其生活
的多维视角，这方面在更早的文献中未曾有详细记录。身
兼官员及文人的权德舆（759—818）现存有一部庞大的文
集，其中充满了他写给贵人和同事的书信，与若干士大夫
同僚的社交唱和诗，以及为数众多的丧葬之文，反映了
权氏数十年来所维系的庞大家族与师友社会网络。在他那

个年代，墓志铭越来越成为一种显要而富有声望的文学创作体裁，其书写对象的范围更广，也经常被收进撰写者的文集中。这些丧葬文本包括埋入墓穴的墓志铭，立于墓地的神道碑，以及入葬前向亡者表示哀悼和祷祝的祭文。权德舆为不同的人都写有这类文章，上至唐代朝廷的达官显贵，下到自己年幼的孙辈。

唐代墓志铭的读者也很宽泛，相关写作在整个唐代越来越流行。尽管我们应把逝者的亡魂视作丧葬之文最重要的第一"受众"，但我们知道，这些墓志铭也被传抄在纸上，从而以写本形式在其社会网络中被广泛传阅，事后也可能被收录进作者的集子中。因此，尽管中古时期的墓志铭在刻石后被埋入墓穴，但文本本身却能在士人共同体中流传久远。比如，唐代书信的记载显示，朋友之间经常互相传抄他们共同好友的墓志铭，以此分享对这位亡友的共同认识和喜爱。通常情况下，不同的作者会被邀请为逝者写作不同规格的墓志铭或祭文，由此给了不同的人讲述其生平的机会。而由于多种多样的原因，如果出现临时入葬或改葬的情况，族人往往会委托一篇新的墓志铭，从而又给亡者的故事增添了全新的维度。在这些情形下，不同的墓志铭作者都会试着提及亡者生前身后的诸多人事，从直系亲属，到姻亲关系，再到共事同僚。墓志铭的撰者还很留意其文本的后世读者。而这里权德舆为他女儿和孙子所写的墓志铭，既表达了他的悲痛，也展现了他高超的文学技巧，并借此来纪念二人短暂生命所带给世间的影响。

身为一名唐代士大夫，权德舆跻身社会上流与政治高位的过程异常成功。他出生在一个世系渊源深厚、受人尊敬的官僚世族，他在唐代首都长安的官僚体系中迅速显达，曾在尚书省的五个部门身任高官、监督科举考试，而年过五十的他也最终谋得了宰执这一最高职位。权德舆的婚姻也很理想，他的伯乐是受人爱戴的宰执崔造，而通过迎娶崔造之女，天水权氏由此与博陵崔氏结为姻亲。这里的两篇墓志就显示出，他十分期望自己的儿辈和孙辈能以得体的性别规范被妥善抚养成人，从而与另一些达官贵人建立人际关系网络，以维持权氏家族在京城社会中的显赫地位。上述这些设想有利于我们理解他为其女儿和孙子所写墓志铭的社会与政治意涵。

权德舆是中唐时期（约780—827）少数几个文集中收录女性与幼子墓志铭的文人——这证明了这些墓志铭的个人、社会甚至文学价值在唐代文化中日益突出。权德舆出嫁的女儿和他的孙子（由其长子所生）都在815年的冬天早逝或早夭，前后仅相差一个月。他为二人所写的墓志铭并未遵循文体程序或惯例，而是为这两位他所熟知的亲人写下了具体、私密而动人的叙述。这两篇墓志铭同时也展现了唐代对妇女及幼年男性的理想德行典范。在他为女儿独孤氏（文中并未提及她的本名）所写的墓志铭中，权德舆把她塑造成礼貌、谦逊、完美体现权氏家族美德的女性形象，她以儒家标准的勤劳与恭敬侍奉她的丈夫、双亲，并抚养子女。而在给孙子（他的名字叫顺孙，或取"孙辈孝顺"之意）所写的墓志铭中，权德舆把他描绘成一个好学、孝顺而大有前途的男孩，而他又有异于同龄孩子的成熟与沉稳，这体现在他生病并最终面对死亡时的表现。同样有趣的还有权德舆在面对两位亲人的死亡时表达自己悲伤的方式。他在女儿去世之际显得非常震惊、悲恸、一蹶不振，仿佛不愿承认她早逝的事实。然而，当他为孙子题写墓志铭时，权德舆似乎从小男孩的自身信仰中得到了些许安慰，并相信幼孙会往生西方极乐净土，故而他在面对孙儿早夭时显得镇定了许多。

除了赞扬两位传主的品德与勤勉，墓志铭并没有提供二人过多的生活细节——就他女儿而言，过多地揭露其个人生活对权德舆来说是不得体的，因为这些琐事本发生在家居私密场合——但文中的确展现了一个出身与世系形塑社会关系与政治地位的世界，这在唐代墓志铭中是个很常见的视角。在这两篇墓志中，权德舆都十分细致地赞扬了他自己杰出的父亲权皋（724—766），他在安史之乱（755—763）中成为心系大唐的英雄，并致力于巩固天水权氏的煊赫声名。

在给亡女写的墓志铭中，权德舆还描述了她与独孤郁所结成的煊赫的政治联姻，独孤郁是八世纪晚期备受尊敬的士人独孤及（725—777）的儿子，而他对权德舆也有知遇之恩。事实上，独孤氏墓志铭一个突出的特点正在于权德舆为两大家族间姻亲关系的中断而痛惜——继独孤郁去世之后，女儿也跟着故去，这就切断了这煊赫一时而期待已久的联姻。我们同样能在这篇亡女墓志铭中看到，权德舆的官位与声望也使其家族女性成员得以被召唤入宫，这发生在他被任命为宰执之时，而宰执正是他所身任的最高职位。这篇墓志铭生动地捕捉到了唐代精英的出身、策略性婚姻，以及政治上位等因素的交互影响。

在上述亡女墓志铭中，权德舆将女儿独孤氏的生活置于九世纪早期长安的社会与政治脉络之中，而当他为既未步入仕途、也未曾娶亲的孙儿撰写墓志铭时，则更关注这个孩子本身的潜能，以及他在生病和临终之时所表现出的非凡品行。权德舆对顺孙病逝的描述解释了中古中国佛教信仰在现实中的实践：这个男孩在得病后按佛门法度更改了自己的小字，而在病亟之时，他能够不带愁容地同家人永诀，面向西方合掌祈愿往生极乐净土。在给女儿写的墓志铭中，权德舆在爱女早逝的事实中挣扎，与之相反，佛教转世之说使亡者之灵得以永恒，从而让权德舆在孙儿夭亡一事上获得些许安慰，他深信孩子的灵魂将在极乐净土中永生。这两篇墓志铭对死亡的强烈情感差异，并不必然意味着权德舆对一方的眷恋远胜过另一方。相反，这提醒当下读者，中古中国的文人作家有许多社会、宗教及个人视角，用来看待逝者的身后事，而他们也敏锐地意识到纪念传记存在多种多样的潜在读者。独孤氏墓志铭必然会与独孤家族一起分享，并在更宽泛的长安精英社群网络中流传；而由于权顺孙在涉足这一社会网络之前就过早夭折，他的墓志铭对于其直系亲属而言最有意义。

志文：

独孤氏亡女墓志铭并序

权德舆

元和十年岁在乙未，冬十月二十一日戊午，故秘书少监赠绛州刺史独孤郁妻天水权氏，寝疾终于京师光福里。呜呼！吾之女也，故哭而识之。

惟吾门代有懿德，至先君太保贞孝公之大节大行，为人伦师表。故钟庆于尔，而又夭阙其成，此吾所以不知夫天之所赋也。

初笄有行，未尝远父母兄弟。考室同里，常如归宁。始绛州以褐衣纳采，其后为侍臣史官，更掌中外诏诰，皆再命或三命。十数年间，便蕃清近，呬赫光大，天下公议，以宰政待之。

其于闺门之内，佐君子，供先祀，嘻嘻申申，有孝有仁。乃者吾忝大任，绛州居近侍，而能婉约劳谦，得六姻之和。长信宫受册命之岁，与母于内朝序位，环佩之声相闻，党族荣之。人情礼意，纤微矩度，言内则者以为折中。

噫夫！绛州方强仕不淑，尔又未练而殁，年止三十一。天之报施，其何哉？始称未亡人也，惧贻吾忧，每敛戚容，而为柔色。然以沉哀攻中，竟不能支。悲夫！

初，先舅宪公有重名于时，绛州生而孤，不得逮事。傥冥冥有知，将同穴而养于下耶？抑智气在上，归于冥寞耶？吾不知也。

生子二人，女子一人。长男，前一岁未成童而夭。次曰晦，生十年矣，至性过绝人，未期月再丁荼蓼，嗷号罔极。晦世父右拾遗朗，茹终鲜之痛，抚之如不孤。贞于龟册，得明年二月六日壬寅祔葬于东都寿安县之某原。宜琢墓石，以永于后。吾老矣，岂以文为？惧他人不知吾女之茂实，故隐痛而铭曰：

旸光未昼，而湛晻兮。植物方华，以槁落兮。懿吾女之淑令兮，祔君子于冥寞。已乎已乎！吾不知夫神理之有无？[1]

---

[1] （唐）权德舆撰，郭广伟校点《权德舆诗文集》，上海古籍出版社，2008年，第一册，第389—390页。

殇孙进马墓志

权德舆

　　权氏殇子名顺孙，小字文昌，以被病用桑门法更其字曰君咤。赠太子太保贞孝公之曾孙，今刑部尚书扶风郡公德舆之孙，渭南县尉璩之子。始仕为仆寺进马。

　　生十三年，以元和十年十一月二十二日，夭于光福里。二十七日，敛手足形于万年县神和原。既阖棺，其大父泣而志之曰：

　　尔幼有敏智，孝顺敬逊，承大父母、父母之教，无违旨；虽孝子顺孙、成人者之养不若也，故吾以名之。读《孝经》《论语》《尚书》，尤好笔札，不离砚席。凡举措语言，循理论义，出常童远甚。方肄《小戴礼》，业未竟而感疾。

　　自春涉冬，绵四时浸剧。大病之际，上辞尊长，下诀幼弟妹，恬然不乱。且谓其傅婢曰："空中佛事，俨然在目。"促焚香，移吾枕西向，合掌而绝。始吾常疑神灭不灭之论，逮今信矣。噫嘻！以尔已仕，且有成人之志，吾欲勿殡，知礼者曰不可，而不敢逾也。惟大墓在洛师，得陪祔之吉于后岁，故于是权窆而号曰：

惟魂气分无所之，尔之神得所往分，吾又恶用夫涕洟。[1]

延伸阅读：

邓百安（Anthony DeBlasi）：《求全：权德舆与唐代思想主流的演进》（Striving for Completeness: Quan Deyu and the Evolution of the Tang Intellectual Mainstream），《哈佛亚洲研究学刊》（*Harvard Journal of Asiatic Studies*）第61辑（2001），第5—36页。

田安（Anna Shields）：《写给逝者与生者：中唐祭文的创新》（Words for the Dead and the Living: Innovations in the Mid-Tang "Prayer Text" [*jiwen*]），《唐研究》（*Tang Studies*），第25辑（2007），第111—145页。

谭凯（Nicolas Tackett）：《中古中国门阀大族的消亡》（*The Destruction of the Medieval Chinese Aristocracy*），哈佛大学亚洲研究中心，2014年。此书中译版，胡耀飞、谢宇荣译，社会科学文献出版社，2017年。

姚平（Yao Ping）：《唐代儒家、道教及佛教女子的墓志铭》

---

[1]（唐）权德舆撰，郭广伟校点《权德舆诗文集》，上海古籍出版社，2008年，第一册，第391—392页。

（Tang Epitaphs for Confucian, Daoist, and Buddhist Women [*muzhiming*]），收于王蓉蓉（Robin R. Wang）编，《中国思想与文化中的女性形象》（*Images of Women in Chinese Thought and Culture*），哈克特出版公司（Hackett），2003年，第299—315页。

（田安［Anna M. Shields］文，夏丽丽　译）

第七章

经历会昌法难的女道士

支志坚（812—861）

这篇墓志是死者的弟弟撰写的，它为我们提供了一个非常难得的了解唐代上层社会家庭中的手足关系以及女性本家纽带的机会。支炼师童年奉佛，因会昌灭佛而改尊道教。她的身世揭示，唐代后期的社会动荡对女性的负面影响甚于其对男性的影响。

导读：

佛教是在一世纪左右由丝绸之路从印度传入中国的。魏晋南北朝年间，儒家文化一时失去号召力，佛教缘而被广为接受，动荡不安的社会使得中国人转向道教和佛教来应对他们的焦虑和苦难。隋唐统一之后，佛教更为盛行，文人学士也开始欣然接受这一对死亡和生命之无常有哲学性阐释的宗教。隋唐统治者大力支持佛教，其中最为突出的是武则天。武则天掌控唐皇朝逾三十年，先是与高宗共同执政，之后又以武周代唐。为了强化她的合法性，武则天立佛教为国教，佛寺佛庙之数由之骤增。从唐代女性墓志来看，佛教对唐代社会性别观及女性生活经历影响非浅。在唐代，女尼数在人口总数中不超过百分之一，但在唐代女性墓志中，女尼墓志占百分之五。然而，这一"比例失衡"却给我们了解唐代女尼生活提供了极有价值的信息。

在唐代，僧尼入道需得到朝廷许可以及祠部出具的度牒。至中唐，度牒已成为热门货，有权有势或愿以高价纳钱之家往往可以优先获得度牒，许多希望终身奉佛但没有经过正规度牒程序的女性往往会以"住家尼"的身份修行。《支炼师墓志》讲述的就是这样一位在中年之际信仰受到重大冲击的住家女尼的一生。

《支炼师墓志》成文于862年，它在二十世纪二十年代与其他八方支氏家族的墓志一起在洛阳被盗墓者发掘出土。2004年，《支炼师墓志》的撰者、支炼师之弟支谟的墓志也出土了，因此，目前已发现的支氏家族的墓志一共有十份。

支炼师生于812年，小名新娘子，法号志坚。她出身于世家，祖父和父亲都是唐朝的高官，九个兄弟均享有俸禄。支新娘子幼年多病，九岁起"奉浮图之教"。在唐代，父母因孩子生病而让他们入教以期获得佛的救助是一个常见的现象。十八岁那年，母亲过世，支新娘子担当起照料众弟的责任。她一生一直与家人住在一起，父母去世后，她分别在几个兄弟家中度过余年。她很可能就是一位住家尼，这一身份可以让未获得度牒的女信徒在家照料家人。

845年，唐武宗发起了中国历史上最具摧毁性的灭法运动，支新娘子的佛教徒生涯也因此而中止。武宗之制导致"天下所拆寺四千六百余所，还俗僧尼二十六万五百人"。那一年，新娘子37岁，对她来说，为妻为母的可能性已经非常渺小，因而她选择了另一条出路——"易服玄门"。道教炼师成了她的新身份。

支志坚的后半生——从由佛转道（845）到因病过世（861）——折射了晚唐社会的动荡和多难。支家的第一个大灾难发生在853年，志坚的弟弟支向落难，志坚由此"不离瞬息"地照顾弟媳和侄女。八年后，弟弟支讷授职藤州、富州，邀志坚随同前往。在此行中，志坚经历了"蛮扰"和水土不服，终因染上疠气而不治。支志坚终年50岁，这与当时的女性平均寿命相当，但却远低于同时期男性的平均寿命以及唐代早中期女性的平均寿命。她的一生印证了唐后期社会动荡对女性的伤害性。

《支炼师墓志》是已经发表的四十多份兄弟为姐妹（其中半数是已婚女性）撰写的墓志之一。这些手足亲墓志往往有对死者的亲密回忆，文字语气温馨感人，为我们了解唐代贵族的同胞关系以及已婚女性与本家的关系提供了极有价值的史料。

《支炼师墓志》也是一个会昌法难对女性生活之影响的具体例证。僧尼还俗的政策可能使女尼经历了种种男僧未曾面对的艰难。可以想象，男僧被迫还俗后仍有可能成家立业。而对已过婚龄的女尼来说，她们的选择余地是很有限的。支志坚选择改变自己的宗教身份，可能是为了避免给家人带来困窘。

《支炼师墓志》的另一个有意义之处是，支氏家族是小月氏人。月氏本是居住在现今甘肃西部的游牧民族，公元前二世纪左右分为两支，大月氏西移至中亚，小月氏散布于关中、敦煌、吐鲁番和楼兰地区。在唐代，小月氏人已基本汉化，至宋代，他们的民族身份已经完全消失。《支炼师墓志》以及其他九份支氏家族墓志显示，到了九世

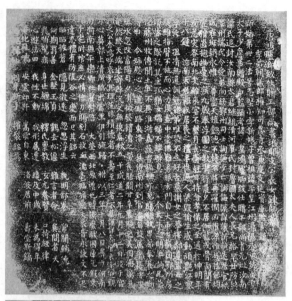

支炼师墓志

纪，这个家族已经在唐代上层社会稳固立足。支志坚的舅公是宪宗和穆宗两朝的大臣崔能（758—824），她的兄弟均有官职在身，她的嫂嫂多来自五姓七家，其中几家早已南下定居。从支氏家族的墓志来看，他们的经历和身份标示与同时期的汉人家族已无差异。

志文：

唐鸿胪卿致仕赠工部尚书琅耶支公长女炼师墓志铭并序

季弟朝议郎权知司农寺丞兼度支延资库给官谟篆

　　师姊第卅二，法号志坚，小字新娘子。曾祖讳平，皇江州浔阳丞；祖讳成，皇太子詹事赠殿中监；显考讳□，皇鸿胪卿致仕赠工部尚书；先妣汝南谭氏，追封汝南县太君；继亲清河崔氏，封鲁国太夫人。长兄裕，早世；防，终泽州端氏令；爱弟向，终鄂州司士；询、谦，少亡；讷、诲、谟、详、让、诉、谚，迭居官秩，咸在班朝。

　　永惟尊灵，天植懿德。不恃不怙，再罹悯凶。惟孝惟慈，性能均壹。稚齿抱幽忧之疾，九岁奉浮图之教。洁行晨夕，不居伽蓝。或骨肉间有痾恙灾咎，南北支离，未尝不系月长斋，克日持念，孝悌之至，通于神明。

年十八，钟汝南太君艰疢，居丧之礼，至性过人，柴毁偷生，感动顽艳。江塞浮泛，温清无违。训勉诸弟，唯恐不立。好古慕谢女之学，择邻遵孟母之规。虽指臂不施，而心力俱尽。

中涂佛难，易服玄门。自大中七载，因鄂州房倾落之际，托其主孤，犹女孀妇，不离瞬息。

今天子之明年，讪兄蒙授藤州牧。传闻土宜，不异淮浙。嘉蔬香稻，粗可充肠。愿执卑弟奉养之勤，得申令姊慰心之道。假路东洛，扶侍南州。到官逾旬，旋属蛮扰。方安藤水，忽改富阳。日夕有征发馈漕之劳，食膳厥甘辛丰脆之美。因涵疠气，奄然终天。端坐寄辞，沉守无挠。春秋五十，咸通二年九月十二日没于富州之公舍。

呜呼哀哉！冥理茫昧，积德者不寿，至仁者不华。谟详忝官，未遂迎觐。寸心莫报，上清所临。出富至伊，引旐归袝。以三年十月八日葬于河南平乐乡杜翟村陪大茔西北原，礼也。

时谟廖职国库，乞假东归。卜宅附棺，庶必情信。刀肠刻石，抆血濡毫。临圹吁天，哀音永诀。文不足以达志，礼有防陵谷之变而已。其铭云：

昭昭彼苍，隐见微远。忽忽浮生，孰明舒卷？常闻辅德，何期罚善。金坚玉贞，鹤去松偃。难言者命，莫问者天。乳哺惊疾，身世缠绵。释氏禀教，玄元养贤。口持经律，心游法田。我性不动，我形属迁。才及中岁，未为得年。奄化桂峤，安灵邙阡。嵩云自东，洛波居前。寿堂斯镐，幽魂归仙。剜身断手，摧裂铭焉。[1]

延伸阅读：

贾晋华（Jia Jinhua）、康笑菲（Kang Xiaofei）、姚平（Yao Ping）编：《从社会性别看中国宗教：主体、身份认同与身体》（*Gendering Chinese Religion: Subject, Identity, and Body*），纽约州立大学出版社，2014年。

姚平（Yao Ping）：《善缘：唐代的佛教徒母亲和子女》（*Good Karmic Connections: Buddhist Mothers and Their Children in Tang China* [618—907]），《男女：中国的男性、女性和社会性别》（*Nan Nü: Men, Women and Gender in China*）第10辑，第1期（2008），第57—85页。

（姚　平）

---

[1] 周绍良、赵超《唐代墓志汇编》，上海古籍出版社，1992年，第2393页。

第八章

契丹辽国天子的使臣

韩 橁（卒于1035年）

该墓志的主人来自于一个曾效力于非汉人政权——
契丹辽——的家族。其内容不但涉及身份认同、文
化和民族等议题，同时还为了解那个时期的国际关
系提供了丰富信息。

导读：

1005年是东亚地缘政治经历剧烈变动的一年。两个敌
对的帝国——宋朝和契丹国（后来称辽朝）——缔结了和
平协议"澶渊之盟"，终结了自907年唐代结束后长达一
个世纪的动荡和纷争。这个盟约为两国划定了边界，并达
成了宋朝每年向辽朝提供银绢"礼物"、宋辽约为兄弟之
国、两国皇帝以年龄长幼互称兄弟，且后世仍以世以齿论

等规定。两朝皇帝分别来自"北方朝廷"的辽朝和"南方朝廷"的宋朝——同时承认彼此地位的合法性，这在历史上并无先例。唐朝时期，远近诸邦只需向一位皇帝进贡，而澶渊之盟的签订意味着，西夏（1038—1227）和高丽（918—1392）等政权不得不向宋、辽两位国主行君臣之礼。本墓志的主人公韩橁（卒于1035年）在该盟约签订前后都曾担任过辽朝一方的使臣。纵观他的一生，我们不仅可以了解辽朝的内政，还能窥见辽朝与其他国家的关系。此外，该墓志让我们得以从正史以外的角度，去思考与文化和民族有关的身份认同问题。

如果没有十九世纪以来出土的考古材料，我们今天对辽朝的认知将会很大程度上依赖于宋朝的视角。这种视角在我们考虑宋辽关系时颇有问题。这是因为，虽然澶渊之盟带来了相对的和平，宋朝内部的某些政治集团却始终对盟约多有苛责。他们将契丹视为异邦蛮夷，并且质疑辽朝对"燕云十六州"统治的正当性。他们不仅希望宋朝"收复"十六州，还坚持认为宋朝对此区域的统治是民心所向。所以，虽然澶渊之盟将宋辽两个政权并存的合法性写进了准则，文人士大夫群体却很难接受这样的政治现实。他们的理念在后世依然流行，不仅影响了后来史家书写辽代历史的方式还影响了那些可以使我们了解辽代内部运作情况的历史材料的遗存。

宋朝思想家们认为，辽朝是一个非正常的存在。辽朝皇室是以从事游牧业为主的突厥——蒙古系部落民后裔。该群体曾活跃于唐帝国的东北地区，与唐东北行省和回鹘汗国（744—840）有着频繁互动。在九世纪唐王朝瓦解后，一位名为阿保机（916—926年在位）的契丹首领趁东北亚出现权力真空之际，建立了自己的政权基础。作为崛起中的契丹的领袖，阿保机废除了部落世选制，铲除了诸多异己，于916年按中原传统，建立了世袭的耶律氏王朝。这个新建立的政权很快走上军事扩张的步伐。在东方，它先后征服了渤海国（今属辽宁）和女真部落（今属吉林和黑龙江）；在南面，辽朝与后晋（936—945）结盟并占据了燕云十六州。以开封为首都的宋朝自960年后开始扩张，并与新兴崛起的西达蒙古、东接朝鲜半岛边境、南越长城直达中国北方平原的辽朝，有着越来越紧密的接触。

辽朝的人口构成呈现出多元化的特点。其中既包括被俘虏的人口，也有来自朝鲜半岛、内陆亚洲和中国北部自愿迁徙的移民。人口的多元化构成和辽朝王室所承袭的传统草原习俗，导致辽朝的权力结构和统治模式不同于之前的唐朝，以及与其同时代的宋朝。辽朝皇帝通常在帐篷中和马背上，而不是在宫殿或固定的地点来进行统治。他们四季外出游猎，朝官随行，设立行帐，对五京和其他城镇地区只是定期地巡视。宋朝使臣所写的奏报中，曾讲述过他们穿越荒野抵达行帐来觐见辽朝皇帝的旅行。辽设置南面官和北面官的双轨官制来管理多元化的人口构成。北面官监管北方广大地区的部落民；南面官仿唐宋官僚体系设置，管理着庞大的南方农业人口。与这两个体系并存的还有一个称为斡鲁朵的制度。虽然该制度的具体情况尚需进一步研究，但该制度的施行似乎使得某些特定区域和人口成为了皇帝的私产。

在宋人眼中，辽朝多元化的人口构成和权力结构是其"非我族类"的明证。这或许促使他们强调习惯于迁移的辽朝统治者与在契丹统治下的中国北方定居人口之间的不可调和性。很多有关辽朝的传世文献是由同时期的宋人记载的。其他与辽朝有关的材料则是在两个世纪以后的元朝史家根据当时可见的辽朝宫廷记录编纂而成的。这意味着我们读到有关辽朝的族群和文化身份的记载，并不一定能反映出那些生活在辽朝的人物个体对自我形象的认知。中国东北和内蒙古的考古发现为我们理解这些历史人物个体如何描述自我提供了有用的信息。从这个意义上讲，包括本文所涉及的研究对象在内的出土墓志，为探索十至十二世纪东北亚的人物个体和其身份认知等议题提供了一个新的途径。若没有墓志铭文的发现，本文研究的这篇墓志的主人公韩橁及作者李万（活动于1012—1036年），将会跟很多其他的辽代人物一样，被历史长河淹没而无法为我们知晓。

如何界定韩橁的族群身份呢？他是汉人还是契丹人？志文作者并没有直接提及，这可能揭示了族属区分的模糊性，亦或者这个问题本身的敏感性。李万在墓志开篇处首先提及了"韩"姓，声称韩橁的家族与同发源于冀州（今河北）的一支远古宗系具有连系。接着他的叙述跨越千年来到了十世纪早期——阿保机攻陷冀州，以及曾效力于阿保机的韩橁的曾祖韩知古的崛起。这样的祖先世系显示出韩橁的"汉"，或者族群上"中国人"的属性。但是，韩橁是一个长期处于辽朝政治权力中心的家族的第四代。他的家族效力于耶律皇室，并能流利地使用契丹语。此外，我们还可以清楚地看到，这个家族与皇室耶律氏一样，世代与后族萧氏联姻。显然，韩橁并非是一个服务于异族征服者的汉人，而是从家系、政治和文化上都融入到了辽朝政权，成为了统治阶层内部的一员。这种身份的双重性或者融合性，使得韩氏家族成员与辽朝政府要职和外交事务具有高度匹配性；他们与皇室的紧密联系，确保了他们对辽朝王室的忠诚以及来自辽统治者的信任；汉语的通用性及韩氏家族与中国北方文化的亲密度，使他们在出使宋朝或此区域其他国家时都有极大优势。

韩橁的家族成员跻身到耶律皇室统治集团内部并非个案。其他中国北方家族离散的后裔也曾在辽朝享有类似的特权，在官僚体系内占有一席之地，并在需要时作为使臣去外邦执行外交任务。我们很难知道这些人服务于非"中国"皇帝和政权时的感受，甚至无法确定他们是否将自己视为"中国人"。对于这些问题，墓志本身提供了非常有限的信息，而宋人留下的传世文献则受既定意识形态的左右强化了这些家族"中国性"的理念；这样的理念可能会因为某些宋朝知识分子对宋辽关系的不安而得到刻意加强。

通过韩橁墓志，我们可以窥见不断变动中的地缘政治情况。韩橁曾以不同官位服务过两位皇帝，其历任的主要职位包括参谋、使臣或者出使外邦掌有帝王信印的信使。他曾两次出使宋朝，其中第一次是在澶渊之盟刚签订不久之后。除了宋朝以外，韩橁还曾跋涉至其他地区——其中包括出使高丽两次、西夏一次。在其事业巅峰之际，由于某些不明原因而遭到贬黜，于次年奉使沙州（蒙古境内），并在这次出行中险些丧命。这些旅行作为他一生中的高光时刻被记录下来，但是其生平绝大多数的时间都是在辽国腹地和政治中心度过的，且并非停留于一处。在其人生的不同时期，韩橁曾执掌过从南部边境到动荡的东京道在内的多个地区，最终死于辽南京——燕京（今北京）任上。他亦曾任职于若干宫帐，随御驾而行。纵观其生前身后事，韩橁历任多职并获得过一系列官衔。具体可见于下文墓志所载。

韩橁墓志是由李万在韩橁之子的委托下所作的。与在内蒙古赤峰地区巴林左旗白音勿拉苏木发现的那些有着丰富物质文化遗存和考古材料的韩氏家族墓葬不同，韩橁墓志所出土的确切位置以及现在去向尚不明了。换句话说，关于韩橁在同时期人眼中是怎样的形象这一问题，墓志文本所提供的信息是我们唯一的信息来源。

对于李万其人及其与韩橁的关系，我们知之甚少。在官修史书《辽史》中，他曾出现过两次。在1012年，李万位列秘书省正字，由于在上书中"辞涉怨讪"，被处以从事冶银的苦役。在已知的辽代墓志中，有两方为李万所作。在耿延毅墓志中（1020年），李万并未提及自己的官职，而是追溯自己为陇西（甘肃）李氏的后人。但在韩橁墓志中，李万则罗列了自己的官职。

就辽代墓志的修辞和结构来讲，其与唐代和更早时期的传统相比并没有明显的变化。将祖先追溯至上古来塑造一个中国北方家族世系的模式，并非仅见于韩橁及其家族成员的墓志，亦见于辽统治家族的墓志。辽朝皇族耶律氏将先祖追溯至汉代皇室的刘姓家族，而后族则自称源于兰陵（今属山东）萧氏——汉代奠基者刘邦（公元前256—前195）的股肱之臣萧何（卒于公元前193年）的后裔。一个人的"身份"问题并非取决于其所声称的世系的真实性，而是要放在此类声明产生的具体背景中探讨。

现有超过两百方汉字书写的辽代墓志，其中三分之一属于耶律氏和萧氏家族成员。除此之外，还有部分墓志由契丹文字写成（学界认定为大字和小字两种）。而契丹文字已消亡了超过半个千年，存世的部分文字也尚未被完全解读出来。绝大多数的契丹文墓志为耶律氏和萧氏家族成员墓志，证明这两个家族在墓志铭的制作上拥有绝对优势的物质和文化资本。部分辽墓，除有墓志出土外，其墓室结构宏伟且有丰富的物质文化遗存。辽朝南北方的墓葬文化有显著差异，呈现为契丹式和汉式两种不同的墓葬文化类型。且并非所有墓葬都包含墓志。整体来讲，辽的丧葬文化显示了适用于精英群体的多种文化选择，以及他们对待墓志的多元化观点。在下文所见的韩橗墓志中，我们一方面可以看到文本作者将墓主人的世系构建置于中国传统的努力，与此同时，还可以强调墓主人及其家族在辽朝皇室和政治中所扮演的中心角色。就身份认同这个议题而言，在这篇墓志中我们并未看到它与族群标签有关。而对于韩橗的家人而言，他们在韩橗墓志中想要去颂扬的是其来之不易的高官厚禄以及得到的帝王垂青。

志文：

大契丹国故宣徽南院使、归义军节度、沙州管内观察处置等使、金紫崇禄大夫、检校太尉、使持节沙州诸军事、沙州刺史、御史大夫、上柱国、昌黎郡开国侯、食邑一千五百户、食实封壹佰伍拾户韩公墓志铭并序

朝请郎、守尚书右司郎中、充史馆修撰、武骑尉、赐紫金鱼袋李万撰

公讳橗，字正声，其先曲沃桓叔之苗胄也。建功于

冀，食采于韩。惟彼元昆，以邑命氏。若乃划分三晋，森峙六雄。烬余方绝于祖龙，基构特新于天汉。成既赐胙，卜宅颍川；信亦分茅，筑都代土。其后徙居昌黎，因为其郡人。则着姓之籍，不其盛欤！

我圣元皇帝凤翔松漠，虎视蓟丘。获桑野之媵臣，建柳城之冢社。威宣十乘，化被一隅。推忠契运宣力功臣、彰武军节度、东南路处置使、开府仪同三司、守尚书左仆射、兼中书令讳知古，曾祖父也。魏之毕万，早称必复；鲁之僖伯，终谓有后。绍兴蕃衍，向用崇高。

协谋守正翊卫忠勇功臣、燕京统军使、天雄军节度使、开府仪同三司、赠守太师、兼政事令、行魏州大都督府长史、上柱国、邺王讳匡美，祖父也。抱船骥之宏用，膺带砺之宗盟。高揭将坛，始縻王爵。先娶秦国太夫人，生二男一女。长子列考。次子瑀，左监门卫将军，早亡。女适刘宋州侍中男而殂。又以寿昌恭顺昭简皇帝失爱之嫔妻之，封邺王妃，即圣元神睿贞列皇后之犹女也，生一男一女。（男）幼亡。（女）适张侍中孙、左监门卫大将军、知檀州刺史事崇一，今夫人之父也。后娶魏国夫人邺妃之侄，皆出于萧氏矣。

西南路招讨、晋昌军节度使、行京兆尹、尚父、秦王讳匡嗣，伯祖父也。树鳌足之英标，传马眉之茂庆。列五鲭之鼎，峨七蝉之冕。生我大丞相、守太傅、晋国王、谥文忠讳德让，赐名隆运，联其御讳也，赐姓耶律氏，属籍于宗室。特加殊礼，丕显大勋，与夫剑履上殿、几杖入朝者不侔矣，从世父也。

四十万兵马都总管、兼侍中、南大王、赠政事令、陈王讳遂贞，赐名直心。真柱石之雄，享钧轴之重，为周方邵，作舜皋夔，再从兄也。谱系干国姓，其余咸属族人，拜使相者七，任宣猷者九。持节旄，绾符印，宿卫交戟，入侍纳陛者，实倍百人。此不具书，略也。

烈考讳瑜，内客省使、检校太傅、赠太尉。出征冀部，适次遂城。躬犯干戈，亲冒矢石。会前茅之崩沮，乘右校之退衄。奋不顾身，卒于用命。先娶兰陵萧氏，封本郡夫人。生九子，所存者，公最幼也。

惟公禀弓嵩之贵精，蕴斗极之武干。体貌魁硕，宇量渊弘。袭世禄以不骄，修天爵以弥笃。尤工骑射，洞晓韬钤。甫及策名，克从筮仕。

初授西头供奉官，迁御院通进。朔方分阃，河右称藩。九重曲降干玺书，一介载驰干册命。以公持节封李继迁为夏国王。洎星辕解鞅，驲鞯回镳。入奏乾元，颇倾兑悦。改颁给库使。

统和二十三年，运契戢囊，时丁归放。慕义广开于栗陆，含灵雅唱于葛天。赵宋氏致币结欢，歃牲修睦。将叶皇华之咏，简求专对之才。以公充贺正之副，达于汴都，三百万之宠锡也。回授引进使，转客省使。

旋以辰下弑君，狓驹作梗。万乘恭行于讨击，六师毕集于征伐。考诗书而谋帅，无右邻毂；委车骑而命将，率先寔宪。即授公左第一骁骑部署。军还，加左监门卫大将军，知归化州军州事。密迩楼烦，切邻白霫。俗多犷很，民苦侵渔。自公下车，咸服仁化。秩满，除章愍宫都部署。掌绾版图，抚绥生齿。陪四朝之羽卫，覆数郡之刑名。

出充燕京留守衙内马步军都指挥使，改易州兵马都监。缮甲治兵，遏强抚弱。主持兰锜，清肃柳营，转弘义宫都部署，拜侍卫亲军步军都指挥使、利州观察使，领禁旅也。

夫物忌大盛，先哲炯诫；事久则变，前代良箴。忽生罌缲于私门，欸被累囚于制狱。虞书文命，宁杀不辜。孔记冶长，信知昨罪。遂以笞刑断之。仍不削夺在身官告，念勋旧也。

明年，奉使沙州，册主帅曹恭顺为敦煌王。路歧万里，砂碛百程。地乏长河，野无丰草。过可敦之界，深入达妒。□囊告空，糇粮不继。诏赐食羊三百口，援兵百人。

都护行李，直度大荒。指日望星，栉风沐雨。邮亭杳绝，萧条但听于鸡鸣；关塞莫分，块㴲宁知于狼望。旧疹忽作，以马为舆。适及岩泉，立傅王命。在腹之瘕，倏然破堕。公亦仆地，至夕乃苏，其疾顿愈。议者谓公忠劳所感，神之祐也。

东归之次，践历扰攘。僮仆宵征，曾无致寇。骖騑凤驾，殊不畏危。轶绝漠之阻修，越穷方之辽复。肃将土贡，入奉宸严。孝宣皇帝敦谕久之。宠睐逾厚。赐白金二百两、氊布八十段、帛百匹。寻授乾、显、宜、锦、建、霸、白川七州都巡检，再任章愍宫都部署，依前左监门卫大将军。

太平五年，鸡种贡材，鸭流通栈。师停下濑，兵罢渡辽。皇穹鞠育于大弓，列王赞陈于楛矢。乃命使高丽国，贺王询之诞辰也。其年冬，授房州观察使，知易州军州事，兼沿边安抚屯田使，充兵马钤辖。其地也，背依上谷，目睨中山。子侨不托于攻蒲，羊祜无猜于尝药。马牛不及，鸡犬相闻。

未几，授长宁军节度、白川州管内观察处置。八年秋，逆贼大延琳，窃据襄平，盗屯肃慎。鲸鲵横海，怒张吞小之喉；蛇豕凭江，暴启食中之吻。将以举泰山而压卵，登高屋以建瓴。本初围守于伯珪，文懿格张于仲达。

假公押领控鹤、义勇、护圣、虎冀四军，充攻城副部署。贼平，就拜永清军节度，贝、博、冀等州观察处置等使。管押义勇军，驻泊于辽东。诏赐银盆百两、细衣一副，移镇溯州。然而虎夷效逆，鹤野罹灾。俘劫井间，剽掠烽戍。来如蚊螨，肆毒噬人；去若虺蜴，蓄奸伏莽。公乃指画方略，奋发雄图。截玄菟之要冲，贯紫蒙之扼束。筑垒一十七所，宿兵捍城。贼不西寇，公之力也。

未遑受代，复南使于宋，亦三百万之赐也。张旌即次，飞盖出疆。依然郊劳之仪，宛若馆谷之数。荐盟君好，绰布宾荣。使回，迁宣徽北院使、归义军节度、沙州管内观察处置。在任二岁，进位南院使，加检校太尉。

重熙五年，在燕京也。备清跸之来临，傒翠华之降幸。葺修宫掖，仰期饮镐；崇饰祠寺，企望问峒。举扬百司，支遣万计。勤恤夙夜，犯凌寒暑。遇疾潜惊于壤寝，求医不遂于针肓。稷嗣观书，善分科斗；郭文在疾，难辨金雌。

以九月二十五日，橘告薨于宣徽衙之正室。天子缅怀尽瘁，轸悼奸良。赗赠之外，赐钱五十万，俾襄其事，非常例也。诏赠橘官，旌德表功，恩荣至矣。

明年二月十七日，葬公于柳城白崖山之朝阳。以先夫人萧氏合祔之，从祖考之宅兆，礼也。惟公远使鸣沙，必死之地。羁栖绝徼，流落遐诹。涉险获夷，履凶无咎。考终之日，遥镇其州，信其异也。

凡三娶。先夫人生二女，长早亡，次适左日军将军萧乞得。继室萧氏生三女。一适护卫将军萧朱；一适左班殿直张玫，大同军节度、特进、检校太师筠之孙也。一适通事班祗候康德润，早亡。皆能事舅姑，益亲娣姒。芳如兰蕙，莹若琼瑶。

今夫人张氏，左监门卫大将军、知檀州军州事崇一之女，承天皇太后赐也。虔弘内则，靡入外言。贞庄雅讽于螽蟖，令淑絜羞于蘋藻。生三男：孟曰齐家奴，废疾居家，受浮屠之法，先公五稔而逝；仲曰贻孙，左承制閤门祗候；季曰贻训，冠而未仕。闻教导于鲤庭，绍雄豪于马埓。奄钟柴毁，益缠孺慕。哀□极于旻天，勉尚凶于远日。惧迁岸谷，请纪音尘。青山白云，温博已谈于傅弈；蔓草拱木，丽道委于江淹。聊采世家，粗镌寿域。其铭曰：

宗唐叔兮系颛当，徙棘城兮遇圣皇。四王锡羡兮，七相耿光。节旄交影兮，玺绶成行。我公降迹兮，恢磔蕃昌。奚奄遘于斯疾兮，固难谒于彼苍。泉铭旌于旅馆兮，瘗志石于玄堂。筑马鬣之长隧兮，凿龙耳之高岗。露泣青草兮，风号白杨。陇泉悲咽兮，山云惨伤。宅幽竟而享明祀，终古无疆。

重熙六年二月　日，乡贡进士商隐书。[1]

延伸阅读：

韩森（Valerie Hansen）、弗朗索瓦·路易斯（François Louis）、丹尼尔·凯恩（Daniel Kane）编：《辽代专辑》（*Perspectives on the Liao*［*Theme Volume*］），《宋辽金元研究》（*Journal of Song-Yuan Studies*），第43辑（2013）。

史怀梅（Naomi Standen）：《忠贞不贰？——辽代的越境之举》

---

[1]　刘凤翥、唐彩兰、青格勒编《辽上京地区出土的辽代碑刻汇辑》，社会科学文献出版社，2009年，第62—65页，参照东洋文库拓片。

（*Unbounded Loyalty: Frontier Crossings in Liao China*），夏威夷大学出版社，2007。此书中译版，曹流译，江苏人民出版社，2015年。

谭凯（Nicolas Tackett）：《肇造区夏：宋代中国与东亚国际秩序的建立》（*The Origins of the Chinese Nation: Song China and the Forging of an East Asian World Order*），剑桥大学出版社，2017年。此书中译版，殷守甫译，社会科学文献出版社，2020年。

崔瑞德（Denis Twitchett）、克劳斯-彼得·蒂兹（Klaus-Peter Tietze）：《辽代》（The Liao），傅海波（Herbert Franke）、崔瑞德编，《剑桥中国史》第六册《辽西夏金元》（*The Cambridge History of China Vol. 6: Alien regimes and Border States, 907—1368*），剑桥大学出版社，2013年，第43—153页。

魏特夫（Karl A. Wittfogel）、冯家升（Fêng Chia-Shêng）：《中国社会史：辽代，907—1125》（*History of Chinese Society: Liao [907—1125]*），美国哲学学会，1949年。

（白岚史［Lance Pursey］ 文，谢琛 译）

第九章

广泛应用的墓志铭

梁　戬（卒于1042年）

王　诚（卒于1042年）

陈　礼（1074—1123）

这三件墓志铭表明北宋初期有墓志传记模本在使
用，而到了北宋晚期因为潞州更好地融入了宋代的
经济和文化，更典型的墓志形式最终得以采用。

导读：

墓志铭的形式和内容都会随着时间变化，这并不让
人意外。唐代墓志铭关注志主的显赫家世。而在唐宋变革
中，社会精英由贵族门阀演变成为科举成功的士大夫，墓
志书写也随之产生变化。宋代的士大夫为他们认识的或是
听说过的人撰写墓志，他们总是在文章里表明其作者的身

份。宋人文集中的墓志和唐代的例子大相径庭，它们强调志主的教育、性格和职业成就。这种个性化的宋代墓志风格奠定了明清两代墓志书写的基调。

近年来，大约百件新发现的来自山西潞州的墓志铭正在改变我们对唐宋墓志书写变迁的认识。尽管潞州在唐早期和两京关系密切，繁荣昌盛，但从八世纪晚期开始它就遭受政治和社会动荡。到了宋朝，当国家的经济重心南移，潞州已经衰落成为一个经济文化落后区。宋代潞州墓志铭的志主和作者在其他现存宋代资料中不见踪迹。宋建国后百年间，潞州墓志铭一直没有标注作者名，也缺少细节。它们记录志主声名赫赫的远祖，使用古老的典故，采用华丽的修辞和形容。这些程序化的特质指向一个让人意外的唐宋传承，这是史学家早先没有注意到的。典型的"宋式"墓志铭直到十一世纪后半期才在潞州出现，这一时期地方精英得到了更好的教育机会，也变成了全国性精英文化的参与者。

自宋开国一个世纪，大量潞州墓志铭字句雷同，表明了共同模板的使用。梁戬和王诚的墓志铭就是两个例子。这两篇都成文于1042年，开头同样是描写生命易逝的序言。接下来它们介绍了志主的家人，包括配偶和后代，惯用相同的表述来谈论人物的德行。最后，两份墓志都记录了葬地和葬时，再用同样的铭文收尾。和其他宋代早期的墓志铭一样，这两篇文章简略而含糊，比起志主，更多的写作注意力分给了后世子孙。所有后代的姓名得以全面罗列，因此关于后代的记载比志主的要长得多。从志主后人的角度来说，这些按订单打造的墓志铭是合意的商品，既表达了他们的孝心，又彰显了其社会地位。

相同的语句和类似的笔迹说明这两篇墓志铭有可能来自地方上的同一个丧葬作坊。制造一块刻有墓志传记的石头大概是职业的丧葬经纪人提供的一个服务选项。留下文集的作者们将他们撰写的墓志铭视为自己的文学创作，与之相反，在潞州售卖相似的墓志铭给多位用户的地方行家很有可能依托于某种手册，因此也没有主张著作权。精致的词组和古典的修辞随时备用，易于复制。它们与丧家提供的具体信息结合起来。丧葬服务的提供者可能给了丧家不同的方式用来在墓志中描述人物，比如说是将寡妇写成"三从早备，四德无差，九族皆悦于母仪，六亲克遵于妇礼"或是其他？不少顾客毫无疑问会接受默认的措辞。宋代潞州墓志铭中往往出现本地顾客不会发现的错别字，丧葬经纪人的受教育程度有限，书写错误也就在所难免。

十一世纪中期后，潞州精英开始撰写和"典型宋式"一致的更细节化的墓志。在一系列的教育改革中，全国广设官学，潞州有越来越多的人求学应举，接触到全国性的精英文学。在北宋的最后五十年，大部分潞州墓志铭作者，和其他地方一样，主张著作权，出产个性化的文章，强调志主的个人经历（虽然他们的文章从未达到过文坛领袖的高度，诸如欧阳修和黄庭坚，此二人创作的墓志铭收录在第十和十一章）。新兴的士大夫阶层通过亲缘、婚姻和地缘关系与潞州的非士人精英建立了联系，而后者的身份是建立在土地和财产的基础之上的。士大夫应已故地主和商人的子孙或亲属的邀请为逝者撰写墓志铭，他们在文章中细述志主的营生，并夸赞其成功。

　　第三篇墓志铭就是这种为家境殷实的男性所做的个性化墓志铭的例证。陈礼（1074—1123）的墓志铭由他的姻亲乡贡进士蒙汝为撰写。根据蒙汝为的记载，陈礼在一个广拥田产的富裕家庭中长大。他的先祖无人做官。他从小接受的训练就是管理家业，事实证明他精于此道。他擅于利用财富，资助穷人，结交本地学者。他甚至将第二个女儿嫁给了一位进士，也打算延请儒士教育儿子。墓志铭作者用儒家的语汇来描写他的性格，称赞他的学术抱负和端正品德。同时，他毫无顾忌地谈到一位商人对利益的追逐，而这并非儒家的价值观。这种对商业冒险的正面态度也出现在大量其他宋代潞州墓志铭中，但在潞州之外的墓志铭中却相当少见。

志文：

大宋故梁府君墓志铭并序

□有生有死，无古无今，挟舟扛鼎之徒，断布蒙轮之辈，威能却日，力可驱山，限至时来，难逃此矣。

府君讳戬，其先泾州安定郡人也，因官逐任，析派分枝，得为潞州上党人也。府君德厚仁宽，言词婉雅。士子之风邈矣，为人之道爰彰。乡间怀敬爱之心，邻里叹风光之美。故合松椿比寿，龟鹤齐年，疹起膏肓，忽归大夜，享年六十有六。夫人郭氏，早亡。再娶张氏，早亡。再娶李氏，见处高堂。三从早备，四德无差，九族皆悦于母仪，六亲克遵于妇礼。

府君嗣子三人：长男景，新妇李氏；次吉，新妇贾氏；次新，娶陈氏早亡，再娶王氏。嗣子者，清廉有志，德行无双，重义轻财，先人后己。新妇李氏者，洞晓闺仪，克光妇道，主蒸尝而恪谨，奉甘旨以弥勤。

孙男九人：长丰，新妇郝氏早亡，再娶马氏；次元，新妇王氏；次吴四、次五哥、次陈六、次克兜、次五□、次八哥、次十哥。孙女五人：长常郎妇、次三姐、次四姑、次五姑、次六姑。重孙一人，夫儿。

嗣子景念母劬劳之恩，轸儿女孤孀之感，遂拣牛眠，吉马猎城，择得庆历二年壬午岁二月乙亥朔十日甲申合袝……西南□里张村，立坟茔安厝，礼也。先也阴云翳日，宿草凝霜，茹叹含悲。为铭曰：

哀哉梁氏，名镇潞州。人生倏忽，风烛难留。六亲悲恸，被葬荒丘。圹门永闭，万古千秋。

伏虑人代迁变，土石奚平，将后他年，刊石为记。[1]

大宋故王府君墓志铭并序

夫有生有死，无古无今，挟舟扛鼎之徒，断布蒙轮之

---

[1] 据北京大学图书馆藏拓本录入。

辈，威能却日，力可驱山，限至时来，难逃此矣。

祖讳赞。王氏者先商王元子之苗裔也，因官逐任，析派分枝，得为潞州上党人也。德厚仁宽，言词婉雅，士子之风邈矣，为人之道爰彰。乡间怀敬爱之心，邻里叹风波之美。故合□椿……起膏□大夜。婆婆宋氏、贾氏，芳莲殒坠，桃脸飘零，掩没花颜，飞□玉貌，应□□□之天，定达阳台之境。府君兄讳秘，早亡；弟文禧，早亡，新妇□□□；大姑李郎妇见在。府君讳诚，安人和众，□□成家，悦礼敦诗，疏财至道。何期命逢坎坷，运值天年，享寿三十有八，因疾而亡。夫人□□，见处高堂，三从早备，四德无差，九族皆悦于母仪，六亲克遵于妇礼。

府君有嗣子三人：长男用和、次男五儿、次男三儿。嗣子用和者，清廉有志，德行无双，重义轻财，先人后己。新妇□□，洞晓闺仪，克光妇道，主蒸尝而恪谨，奉甘旨以弥勤。爱女四人：元郎妇、朱郎妇、李郎妇、小媒儿。任女杨郎妇。并幼从□□针飞□□之花，长奉祖宗，是开颜之乐。孙男翁怜、韩留。嗣子用和念母劬劳之恩，轸儿女孤孀之感，遂拣牛眠，吉马猎城，择得庆历二年壬午岁二月乙亥朔十日甲申，合祔尊灵府西约五里已来祖坟次西，添立坟茔安厝，礼也。先也阴云翳日，宿草凝霜，茹叹含悲。为铭曰：

哀哉王氏，名镇潞州。人生倏忽，风烛难留。六亲悲恸，被葬荒丘。圹门永闭，万古千秋。

伏虑人代迁变，土石奚平。将后他年，刊石为记。[1]

陈 侯 墓 铭

乡贡进士汝为撰
宣教郎新差知汾州西河县令邓俊民书
寄理保义郎李奉先篆

侯讳礼，字持中，隆德长子人。曾祖讳丰，祖讳保，父讳仲安，皆不仕。占田上腴，累世豪右。父少时补充安抚司吏。侯生于代州，未周月而孤，母刘氏褓负以归。稍长，颇聪敏，有志于学。诸父委以生事，非其志也。侯心计绝人，凡所筹划，赢致必厚。其后与诸父析居，专酤取，家日饶益。事寡母尽孝，竭力无违。治家有法，仆厮不入中门。虽邻居妇女亦不令妄出入。婢仆严惮，不敢谩欺。闺庭整肃，士族矜式焉。一日，忽得疾，既瘳，乃留

---

[1] 据北京大学图书馆藏拓本录入。

心医术，通大旨，家多贮药，遇有疾者，施之，里中贫者尤所资赖。持身谨饬，有襟量，轻财重义，以贫乏谒者，资给之，无难色。待交游以诚，久而弥笃，好贤喜善，出于诚心，故其所与游者，皆四方贤士大夫。平生未尝一言失信于人。每遇节序，必召集宾友，宴饮终日，凡具必精洁。方将延师儒以教子，期于光大门户。侯以疾不起，宣和五年十月十一日也，享年四十九。先娶王氏，卒。再娶李氏，生二男，皆幼，未名；二女，长在室，次适进士蒙昌国。侯之卒也，母犹在堂，抚棺哭子，一恸一绝，见者莫不陨涕。而其子方扶床以嬉，乌知父之丧为可哀已。以其年十一月壬申葬于西韩村之原。侯婿蒙国昌，余从侄也，乞铭于余。铭曰：

　　若人可谓善人，宜得其寿也，而遽止如斯夫，天果难知！尚有嗣子，足以传家，而祀不隳。侯归安乎幽宫，其又何悲！

　　任觊刊。[1]

---

[1] 申修福主编《三晋石刻大全·长治市长子县卷》，三晋出版社，2013年，第49页。

延伸阅读：

郝若贝（Hartwell, Robert）：《750—1550年中国的人口、政治和社会转型》（Demographic, Political, and Social Transformations of China, 750—1550），《哈佛亚洲研究学刊》（*Harvard Journal of Asiatic Studies*）第42辑，第2期（1982），第365—442页。

许曼（Xu Man）：《变革中的中国地方精英：潞州出土七到十二世纪墓志铭》（China's Local Elites in Transition: Seventh- to Twelfth-Century Epitaphs Excavated in Luzhou），《亚洲专刊》第三系列（*Asia Major*, 3rd ser.）第30辑，第1期（2017），第59—107页。

许曼（Xu Man）：《祖先，配偶与子孙：宋代潞州墓志书写的转型》（Ancestors, Spouses, and Descendants: The Transformation of Epitaph Writing in Song Luzhou），《宋辽金元研究》（*Journal of Song-Yuan Studies*）第46辑（2016），第119—168页。

（许　曼）

第十章

朋友与同党

石　介（1005—1045）

欧阳修是中国历史上最著名的墓志铭作家之一。他
为石介撰写的《徂徕石先生墓志铭》突出塑造了一
个有争议的政治人物、教育家和思想家。石介墓志
同时反映了在党争和重大社会文化变革时期文学与
政治的相互作用。

导读：

　　十一世纪是中国历史上一个重大的政治、思想、社
会和文化转型期。这其中最重要的变革包括科举制度的
发展、士大夫影响的提升，及儒学的复兴。科举考试
始兴于六世纪末，其初旨为抗衡当时世家大族和军事贵
族的势力。由唐入宋，科举成功地吸引了众多博学多才

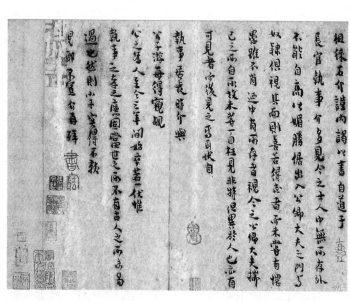

石介书法

之人入仕。饱受儒家经典教育的士大夫积极着手解决当时最突出的内忧外患，包括在边防、教育及取士方面的欠缺，国家在管理经济方面面临的挑战，以及佛道对社会文化的巨大影响。他们在这些方面的持久努力从当时的重大改革提案中可见一斑。北宋士人的各种倡议举措同时导致了严重的党派之争。在思想文化领域，宋代思想家追随唐代韩愈（768—824）等人，倡导儒学在中国文化中的中心地位。他们对儒家经典的创造性解释和构建最终确立了理学（或称道学）在宋代的地位。

石介的生活和仕宦生涯是上述这些变化的清晰写照。山东兖州石氏作为地方精英在北宋以科举立家。石介的父亲石丙（？—1040）是石家的第一位进士。他和石介分别于1012年和1030年以进士入仕。虽然父子二人的仕途并不发达，但他们的为官经历和学术活动使石氏跻身北宋著名士大夫家庭。石介是一位诗人和散文家，并因积极参与十一世纪四十年代的政治斗争和其在儒学复兴运动中所起的作用而闻名于当时及后世。石介虽然享年只有四十岁，但在生前已是有影响的教育家、儒学家。他还是范仲淹（989—1052）、富弼（1004—1083）、韩琦（1008—1075）、欧阳修（1007—1072）等领导参与的庆历新政的坚定支持者。

《徂徕石先生墓志铭》强调石介在以上三个方面的成就。在欧阳修笔下，石介博学，有胆识，是一位有原则有奉献精神的思想家。欧阳修特别强调，石介的理想社会是"其君为尧舜之君，民为尧舜之民"。为实现这一目标，石介"思与天下之士，皆为周、孔之徒"，"所谓尧、舜、禹、汤、文、武、周公、孔子、孟轲、扬雄、韩愈氏者，未尝一日不诵于口"。与前代的儒家学者一样，石介的文章详解仁义之意，并强调"学者，学为仁义也"。他谴责佛道为"怪说"，批评以西昆体和骈文为代表的"时文"妨碍圣人之道的传播。欧阳修指出，石介对此"三怪"的批判证明了他是韩愈的真正追随者。对韩愈和石介来说，儒学复兴须从铲除佛、道、时文的影响开始。石介的这些努力不仅有助于确立韩愈在儒学道统中的地位，也使自己成为当时儒学复兴运动的重要组成部分。

除了强调石介是一位思想家，欧阳修同时称赞石介身体力行儒家学说。远在入仕之前，石介即遵从儒家"虽在畎亩，不忘天下忧"的济世利民思想。作为学者和孝子的石介积极推广儒家家礼，诚心履行丧葬及祭祀礼仪。"丁内外艰去官，垢面跣足。"并且，在家乡丁忧期间，石介完成了一个超大规模的家族葬礼，将石氏五代七十余男女入土为安。同一时期，他积极参与泰山书院和徂徕书院的创建及教学活动，成为北宋早期重要的儒学教育家。与孙复（992—1057）一道，石介把书院变成了儒学中心。1042年，石、孙二人到京城任职太学。他们的大批学生也随之前往。欧阳修指出，"太学之兴，自先生始"。

在欧阳修笔下，石介敢于直言，不屑妥协。"至其违世惊众，人或笑之，则曰：'吾非狂痴者也。'"欧阳修还特别称赞石介在庆历革新和激烈党争中所表现的超常勇气。新政反对派对石介的敌意始于他1043年所作名篇《庆历圣德诗》。这首数百言的长诗，盛赞仁宗皇帝（1022—1063年在位）提拔仁德之士，公开宣称前宰相为大奸。石介因毫无顾忌地"褒贬大臣，分别邪正"而遭到其政敌的诽谤批判。他的《庆历圣德诗》更因指名道姓，使改革派与保守派之间的斗争愈演愈烈。石介卒于1045年，所以未及遭受其他改革派人物的贬谪之苦。他的政敌却仍坚称石介诈死以逃脱罪责，并要求开棺验尸。围绕石介之死的这些斗争是其久未下葬的部分原因。

《徂徕石先生墓志铭》不仅使我们了解一位杰出的学者和有争议的政治人物，同时让我们看到墓志作者如何在其作品中加入敏感的政治材料。要更好地理解欧阳修对石介积极参与庆历革新的描述，我们需要了解作者和墓主的关系。祖籍江西的欧阳修与石介有很多共同之处。与石家一样，欧阳氏兴起于北宋初期。欧阳修的父亲欧阳观是家族的第一个进士（1000）。欧阳修与石介同年以进士入仕（1030），而且是庆历革新的核心人物之一。除了参与政策制定与论辩，欧阳修还执笔了著名的《朋党论》。在文中，他称改革者为君子，而反对派是自私邪恶的小人。

基于二人在家庭社会背景和政治观点上的一致，欧阳修自然毫无保留地肯定石介在庆历党争中的作用。当石介病逝于党争最激烈之时，欧阳修一定清楚石介入土为安及恢复名誉并非一朝一夕之事。任何对石介的纪念行为都会引起争议，并给发起者带来麻烦。尽管如此，欧阳修依然在1046年用一首长诗来悼念他的这位朋友与同党。欧阳修的诗以"徂徕鲁东山，石子居山阿。鲁人之所瞻，子与山嵯峨"开篇，接着详述石介的学术及政治活动。诗人似乎全然不顾有关石介的争议及对石的指控。考虑到当时的紧张气氛和有关石诈死的谣言，欧阳修的纪念长诗实为大胆之举。

《徂徕石先生墓志铭》的价值还在于，欧阳修不仅是中国历史上成就斐然的散文家、诗人、政治家、史学家和书法家，同时也是极受欢迎的墓志作者。与同时代动辄数千言的墓志相比，欧阳修的作品一般较短，在几百至一二千字之间。石介墓志大概1 200字左右，属中等篇幅，具有宋代士人墓志的基本特征。和其他墓志作者一样，欧阳修在石介的墓志中突出了墓主的道德人品，科举入仕经历，学术和文学成就，以及仕宦生涯。此外，欧阳修还记载了他应邀作铭的情况，提到了求墓志者的姓名，并详记了石介的死亡及入葬时间。所有这些都符合宋代墓志写作的常规。

从另外几个方面来看，《徂徕石先生墓志铭》又不具备宋代墓志代表性。首先，除去石介在太学兴起中的作用，欧阳修没有涉及石为官方面的能力与成就，而这本是宋代士人墓志的基本要素。第二，欧阳修所撰墓志作于石介死后二十一年，其时庆历新政早已成为历史。石介的久不下葬给欧阳修提供了一个宝贵的机会来记录他和他同代人一生中最重要的事件之一。从这个意义来讲，《徂徕石先生墓志铭》不仅是对石介一个人的缅怀，也是对一个逝去的时代的重新评价。最后，欧阳的《徂徕石先生墓志铭》几乎未曾提及石介的先祖、妻子、儿女，及其子女的

石徂徕集

福州正誼書院藏版

徂徕石先生墓誌銘

翰林學士加史館修撰廬陵歐陽修撰

徂徕石先生姓石氏名介字守道兗州奉符人也徂徕魯東山而先生非隱者也其仕嘗位於朝矣奈魯之人不將其官而稱其德以爲徂徕魯之望先生魯人之所瞻故曰其所居山以配其有字□德之稱徂徕先生者魯人之志也先生貌厚而氣完學篤而志大雖□在畎畝不忘天下之憂以謂時無不可爲之時無不□□在其位則行其言言言用功利施於天下不必出乎己吾言□□□□不用雖獲禍至死而不悔其遇事發憤作爲文章極陳□古今治亂成敗以指切當

世賢愚善惡是是非非無所諱忌世俗頗駭其言由是齟齬嘩然而小人尤嫉惡之相與出力必擠之死先生安然不藏不屈曰吾道固如是吾男過孟軻矣不幸遇疾以卒一本多矣而奸人有欲以奇禍中傷大臣者詐指先生以起事謂其詐死而北走契丹矣請發棺以驗賴天子仁聖察其誣得不發棺而保全其妻子先生世爲農家父謫丙始以仕進官至太常博士先生二十六爲進士甲科爲鄆州觀察推官南京留守推官御史臺辟主簿未至以上書論赦罷不召秩滿還某度掌書記代其父官於蜀爲靈嘉州軍事判官丁內外艱去官坵面跣足躬耕徂徕之下爲

欧阳修《徂徕石先生墓志铭》

正谊堂本《石徂徕集》

婚姻。这很可能是因为欧阳知道石介本人已经撰写了详细的石氏世系，因此无需赘述相关信息。《徂徕石先生墓志铭》的读者却因此失去了解下列信息的机会：石氏在兖州为大族，已定居数代；石介的父亲一生五娶；石介被迫筹借巨款以完成他的家族葬礼，并于墓地之侧修建祭堂和拜扫堂。在为这两个孝思堂所作的记中，石介告诫他的后代要重视修德，并勤于祭祀之礼。

志文：

徂徕石先生墓志铭

欧阳修

徂徕先生姓石氏，名介，字守道，兖州奉符人也。徂徕，鲁东山，而先生非隐者也，其仕尝位于朝矣。鲁之人不称其官而称其德，以为徂徕鲁之望，先生鲁人之所尊，故因其所居山，以配其有德之称，曰徂徕先生者，鲁人之志也。先生貌厚而气完，学笃而志大，虽在畎亩，不忘天下之忧。以谓时无不可为，为之无不至，不在其位，则行其言。吾言用，功利施于天下，不必出乎己；吾言不用，虽获祸咎，至死而不悔。其遇事发愤，作为文章，极陈古今治乱成败，以指切当世，贤愚善恶，是是非非，无所讳忌。世俗颇骇其言，由是谤议喧然，而小人尤嫉恶之，相与出力，必挤之死。先生安然，不惑不变，曰："吾道固如是，吾勇过孟轲矣。"不幸遇疾以卒。既卒，而奸人有欲以奇祸中伤大臣者，犹指先生以起事，谓其诈死而北走契丹矣，请发棺以验。赖天子仁圣，察其诬，得不发棺，而保全其妻子。先生世为农家，父讳丙，始以仕进，官至太常博士。先生年二十六，举进士甲科，为郓州观察推官、南京留守推官。御史台辟主簿，未至，以上书论赦，罢不召。秩满，迁某军节度掌书记，代其父官于蜀，为嘉州军事判官。丁内外艰去官，垢面跣足，躬耕徂徕之下，葬其五世未葬者七十丧。服除，召入国子监直讲。是时，兵讨元昊久无功，海内重困。天子奋然思欲振起威德，而进退二三大臣，增置谏官、御史，所以求治之意甚锐。先生跃然喜曰："此盛事也，雅颂吾职，其可已乎！"乃作《庆历圣德诗》，以褒贬大臣，分别邪正，累数百言。诗出，泰山孙明复曰："子祸始于此矣。"明复，先生之师友也。其后所谓奸人作奇祸者，乃诗之所斥也。先生自闲居徂徕，后官于南京，常以经术教授。及在太学，益以师道自居，门人弟子从之者甚众，太学之兴，自先生始。其所为文章，曰某集者若干卷，曰某集者若干卷。其斥佛、老、时文，则有《怪说》《中国论》，曰去此三者，然后可以有为。其戒奸臣、宦女，则有《唐鉴》，曰吾非为一世监也。其余喜怒哀乐，必见于文。其辞博辩雄伟，而忧思深远。其为言曰："学者，学为仁义也。仁急于利物，义果于有为。惟忠能忘其身，信笃于自信者，乃可以力行也。"以是行于己，亦以是教于人，所谓尧、舜、禹、汤、文、武、周公、孔子、孟轲、扬雄、韩愈氏者，未尝一日不诵于口。思与天下之士，皆为周、孔之徒，以致其君为尧舜之君，民为尧舜之民，亦未尝一日少忘于心。至其违世惊众，人或笑之，则曰："吾非狂痴者也。"是以君子察其行而信其言，推其用心而哀其志。先生直讲岁余，杜祁公荐之天子，拜太子中允。今丞相韩公又荐之，乃直集贤院。又岁余，始去太学，通判濮州。方待次于徂徕，以庆历五年七月某日卒于家，享年四十有一。友人庐陵欧阳修哭之以诗，以谓待彼谤焰熄，然后先生之道明矣。先生既没，妻子冻馁不自胜，今丞相韩公与河阳富公分俸买田以活之。后二十一年，其家始克葬先生于某所。将葬，其子师讷与其门人姜潜、杜默、徐遁等来告曰："谤焰熄矣，可

以发先生之光矣。敢请铭。”某曰:"吾诗不云乎'子道自能久'也,何必吾铭?”遁等曰:"虽然,鲁人之欲也。”乃为之铭曰:

　　徂徕之岩岩,与子之德兮,鲁人之所瞻;汶水之汤汤,与子之道兮,逾远而弥长。道之难行兮,孔孟遑遑。一世之屯兮,万世之光。曰吾不有命兮,安在夫桓魋与臧仓? 自古圣贤皆然兮,噫,子虽毁其何伤? [1]

延伸阅读:

包弼德(Peter Bol):《历史上的理学》(*Neo-Confucianism in History*),哈佛大学亚洲中心,2010年。此书中译版,王昌伟译,浙江大学出版社,2010年。

贾志扬(John W. Chaffee):《宋代科举》(*The Thorny Gates of Learning in Sung China: A Social History of Examinations*),剑桥大学出版社,1985年。此书中译版,江苏人民出版社,2022年。

李瑞(Ari Daniel Levine):《君子与小人:北宋后期的朋党之争》(*Divided by a Common Language: Factional Conflict in Late Northern Song China*),夏威夷大学出版社,2008年。

---

[1] 曾枣庄、刘琳编《全宋文》,上海辞书出版社,2006年,第35册,第755卷,第367—369页。

迪特·库恩（Dieter Kuhn）：《儒家统治的时代：宋的转型》(*The Age of Confucian Rule: The Song Transformation of China*)，哈佛大学贝尔纳普出版社（Belknap），2009年。此书中译版，李文锋译，中信出版社，2016年。

张聪（Cong Ellen Zhang）：《官僚政治与纪念性传记：范仲淹碑铭的书写》(Bureaucratic Politics and Commemorative Biography: The Epitaphs of Fan Zhongyan)，收于伊沛霞（Patricia B. Ebrey）、史乐民（Paul J. Smith）编，《中国历史上的国家权力，900—1325》(*State Power in China, 900—1325*)，华盛顿大学出版社，2016年，第192—216页。

（张　聪）

第十一章

缅怀父亲

晁君成（1029—1075）

这篇墓志表现人子说服名家为其父母作铭的两方面
考虑：保证父母名声不朽；确立自己孝子的名声。

导读：

自古以来，儒家经典详细规定了人子对父母的孝道。
父母在世时，人子需尽心侍奉，曲意顺从。遭父母之丧，
需服三年斩衰，庐于墓侧，食粗茶淡饭，禁饮酒娱乐。人
子最重要的孝行还体现在经营父母的葬事上。随着他们入
土为安，父母成为了祖先。人子每年则需在家祠或祖墓行
祭祀之礼。这些礼仪一方面着眼于对先人的怀念，一方面
利于巩固家族的团结。

抛开儒家经典的具体规定，历史上的孝道实践差异纷

呈。从唐代下半期开始，墓志铭逐渐成为一种新的行孝方式。到十一世纪，为父母求得一篇由名家执笔的墓志成为宋代士大夫的一个重要追求。很多人并因在此过程中的某些突出表现而倍受赞誉。更有人子公开渲染丧亲之痛以求感动墓志作者。另一些人为等一铭，长期搁置父母葬事，最终反为墓志作家树立为孝子的典型。

现存资料表明，大多数人子是通过书信与墓志铭作者取得联系的。1084年，北宋著名文人晁补之（1053—1100）致信其好友黄庭坚（1045—1105）。在信中，晁补之告知黄庭坚，他不久将料理父亲晁君成（1029—1075）的葬事，并请求黄为其父作铭。晁补之随信附上杜纯所作晁君成行状。杜纯的行状未存于世，根据传世的类似文本，我们可以断定该行状旨在提供黄庭坚写作墓志铭所需的相关信息。

晁补之致黄庭坚的信全文六百多字，是现存求铭信中最长的文本之一。这主要是因为晁补之写信的目的并不仅仅是求得黄庭坚的同意。晁补之信中的大部分内容有关晁君成在为官、作文、交友、行孝悌方面的突出表现。晁补之提供的这些有关他父亲的材料最终为黄庭坚采用，被写进晁君成的墓志铭。从这方面讲，晁补之的信在晁君成墓志写作过程中起到了与杜纯所作行状同样重要的作用。

晁补之的信给我们提供了一个探讨人子在塑造其父母形象与记忆中所起作用的机会。晁补之理所当然地认为他的父亲"不有信于今，必有信于后"。我们不禁要问：既然晁如此强烈地要保存他父亲的记忆，他为何不亲自撰写父亲的墓志铭？归根到底，晁补之本人就是一个多产的墓志作者，单是存世的作品即有四十多篇。需要指出的是，在北宋，晁的决定并非超乎寻常。简单说来，大部分北宋墓志铭作者自称是死者或死者家人的朋友、亲戚，及相熟之人。而这几百位作者只有二三十人亲自撰写了其父母或妻子的墓志铭。即使最有成就的北宋作家，往往也倾向于请求当时杰出的政治或文学家为其父母亲作墓志。

上述现象基于几种考虑。第一，丧亲伊始，人子需集中服丧。外加因感情受创或体力不支，往往无法正常写作。再者，作为追思文学，墓志铭难免流于夸张，言过其实，由亲朋而不是人子来颂扬死者的功业也更恰当。第三，墓志作者名望越高，其作品自然传世的几率也就越大。最后一点，宋代墓志往往详述死者儿孙的名号及各方面的成就。为父母求得墓志的人子在墓主的志铭中占据尤其重要的地位。这也是人子希望他人代笔的重要原因。

尽管晁补之极力想保证他父亲能够青史留名，晁君成并不是一个出类拔萃的人物。晁氏虽是北宋望族，但君成并非出自其最重要的一支，在文学及仕宦方面也不曾有杰出的成就。现有材料证明，晁君成只在南方做过两任地方官。1075年他去世之际，他唯一的儿子晁补之只有二十三岁，而且"贫不能以时葬"。如果晁补之当时迅速处理父亲的葬事，他根本无力找到一位有名望的墓志作家为父亲作传。

　　在晁君成死后的九年中，晁补之成功入仕（1079年进士），并渐以诗人和散文家著称。这些成就使他具备了弘扬父亲名望的能力。杜纯作为晁君成的老友、晁补之的岳父和资深士大夫，无疑是理想的行状作者。但最终是晁补之与当时两位文学巨人的密切关系，才把晁君成从一个无名之辈塑造成一位德才兼备之人。应晁补之之请，先是苏轼为晁君成的诗集作了序。晁补之又求助于黄庭坚。黄不仅是晁的朋友，也与晁的叔伯有所往来，因此可以说是晁家的朋友。由黄为晁君成撰写墓志铭因此更是顺理成章。晁补之希望黄庭坚为其父作铭的另一个重要原因是，黄庭坚是一位著名墓志作者，存世有六十多篇墓志铭和更多其他的纪念性文章。

苏轼对晁君成作品的评价由晁补之通过书信传达给黄庭坚，并为黄所引用。在信中，晁补之称晁君成"平生奇蹇不遇，故事业见于世为少"，所以更应该在他身后缅怀其言行。晁补之还直抒他对黄庭坚文章与品学的仰慕之情，坚信"足以发幽隐，慰先君于地下者，莫如鲁直也。故忘罪逆，冒昧自致，鲁直亦矜其意，慨然许之。幸甚幸甚"。为强调他的诚意，晁又"涕泣有请于左右，冀鲁直哀之"。基于两人的友情，晁补之没有任何理由担心黄庭坚会拒绝他的要求，但他仍然遵从时俗，像其他人子一样希望以诚动人。

晁补之的求铭长信保证了晁君成以晁补之希望的方式被铭记缅怀。但黄庭坚的墓志并没有只停留在彰显死者的言行。《晁君成墓志铭》同样颂扬了作为人子的晁补之。黄庭坚特别指出："补之又好学，用意不朽事，其文章有秦汉间风味，于是可望以名世。君成之后，殆其兴乎！"通过强调晁补之发扬光大晁氏的潜力，黄庭坚把晁补之塑造成一位孝子和杰出的后人。黄的墓志铭"不经意"地漏掉了一个细节：尽管晁补之在信中形容自己因淹滞父亲的丧事而成"惨魂愧影"，黄庭坚却只字未提晁君成的久而不葬。

晁氏琴趣外篇卷之一

學士 晁　補之 撰

水龍吟　別吳興至松江作

水晶宮繞千家卜山倒影雙溪裏白蘋洲渚詩成晚當年此地行遍瑤臺弄英雅乎月嬋娟際箏多情卜杜風流未觀空腸斷枝間子一似君恩賜與賀家湖千峯凝翠黃粱未熟紅旌已遠南柯舊事常恐重來夜闌相對也疑非是向松陵回首平蕪盡處人青山外

八聲甘州　揚州次韻和東坡錢塘作

謂東坡未老賦歸來天未遣公歸向西湖兩處秋波一種飛鴻澄輝又摧竹西歌吹僧老木蘭非一笑千秋事孚世危機應倚平山欄檻是醉翁飲處江雨霏霏送孤鴻遣此心遠登臨軍更何須惜吹帽淋衣又歷下五春

謂東風定是海東來海上寂春先乍微暘破臘梅已省柳意都燬雪後南山霽霋平野欲生煙記得連日如上林邊

晁補之《晁氏琴趣外篇》

志文：

晁君成墓志铭

黄庭坚

君成晁氏，事亲孝恭，人不间于其兄弟之言。与人交，其不崖异，可亲；其有所不为，可畏。喜宾客，平生不绝酒，尤安乐于山林川泽之间，一世所愿。治生谐偶，人仕遇合，盖未尝以经意。生二十五年，乃举进士，得官。从仕二十三年，然后得著作佐郎。四十有七以殁。君成处阴匿迹，家居未尝说为吏。及为吏极事，事有不便民，上书论列甚武。为上虞令，以忧去，民挽其舟，至数日不得行。使者任君成按事，并使刺其僚，君成不挠于法，不欺其僚，尽心于所诿，不为之嚆矢也。仕宦类如此，故不达。少时以文谒宋景文公，景文称爱之。晚独好诗，时出奇以自见。观古人得失，阅世故艰勤，及其所得意，一用诗为囊橐。熙宁乙卯，在京师，病卧昭德坊，呻吟皆诗，其子补之榻前抄得，比终，略成四十篇。蜀人苏轼子瞻论其诗曰："清厚深静，如其为人。"濮阳杜纯孝锡状曰："哭君成者，无不尽哀。"皆知名长者也。子瞻名重天下，孝锡行己有耻，其于兄弟交游，有古人所难。补之又好学，用意不朽事，其文章有秦汉间风味，于是可望以名世。君成之后，殆其兴乎！故论撰其世出游居婚宦，使后有考。铭诗以嘉其志愿，而不哀其不逢。君成字也，名某。晁氏世载远矣，而中微。有讳迥者，事某陵，为翰林学士承旨，以太子少保致仕，谥文元。生子，执政开封，晁氏始显。君成曾王父讳迪，赠刑部侍郎。王父讳宗简，赠吏部尚书。父讳仲偃，库部员外郎。刑部视文元，母弟也。夫人杨氏生一男，则补之。女嫁某官张元弼、进士柴助、贾硕、陈琦，三幼在室。补之以元丰甲子十月乙酉，葬君成于济州任城之吕原。其诗曰：

不澡雪以媲清，不阘堕以徒污。林麓江湖，鱼鸟与为徒；通邑大都，冠盖与同衢。制行不膻，人谓我愚；人争也，人谓我非。夫彼弃也，吾趋；彼汲汲也，吾有余。浮沉兮孔乐，寿考兮不怍。高明兮悠长，忽逝兮不可作。河浊兮济清，任丘兮佳城。御风兮骖云，好游兮如平生。深其中，广其四旁，可以置守，俾无有坏伤。植松柏兮茂好，对尔后之人。[1]

---

[1] 曾枣庄、刘琳编《全宋文》，上海辞书出版社，2006年，第108册，第2335卷，第70—71页。

延伸阅读：

董慕达（Miranda Brown）：《中国早期历史上的悼亡政治》（*The Politics of Mourning in Early China*），纽约州立大学出版社，2007年。

崔美花（Mihwa Choi）：《北宋的丧礼与政治》（*Death Rituals and Politics in Northern Song China*），牛津大学出版社，2017年。

南恺时（Keith N. Knapp）：《无私的后代：孝子与中古中国的社会秩序》（*Selfless Offspring: Filial Children and the Social Order in Medieval China*），夏威夷大学出版社，2005年。此书中译版，戴卫红译，马特校，中国社会科学文献出版社，2021年。

张聪（Cong Ellen Zhang）：《一门皆孝子：北宋的庐州包氏》（*A Family of Filial Exemplars: The Baos of Luzhou*），《中国文学与文化》（*Journal of Chinese Literature and Culture*）第4辑，第2期（2017），第360—382页。

（张　聪）

第十二章

一位处士

魏雄飞（1130—1207）

这篇为一位没有官职的平民所撰写的墓志，让读者有一种与阅读有政绩的官员的墓志完全不同的感受，而且它还让我们体会到当时中国农村的生活景象。作者在志末的铭中描绘了一个异常复杂的"处士"形象，并提供了自己多面性的观察。

导读：

南宋时期的乡村生活充满崭新而强烈的竞争与协作形式。首先，寻求儒家教育和参加科举考试的人数增加，因为这些学者意识到哪怕最低层次的成功也能彻底改变他们及家人的社会地位。其次，商业化促使南宋经济更加繁荣，但与此同时，诉讼因为商业纠纷的激增也大幅增加。

有些郡县甚至因为其居民经常互相状告、难于管理而出名。再次，或许迫于以上压力，中国的家庭发展出了便于强化宗族关系的新结构。当时的社会精英积极撰写宗谱，传阅家庭管理手册，并且撰写以宗族为本的仪式指南。得体的葬礼、吊丧和祖先祭祀礼仪尤为重要。这些行为表达了子女孝道并保持社会族群的凝聚力，成为强化宗族纽带的重要手段。

这些仪式组成了更加宏大也尤为重要的儒家观念：礼。狭义而言，礼意指恰当地实践婚葬及季节性祖先祭祀等仪式。广义而言，礼包含不同代际、性别和社会阶层之间互动的规矩，其中包括个人的言辞、打扮乃至食物的外观。通过严格遵从礼，真正的儒家学者及其家人得以区别自身与社会其他族群，并且展示其对中国精英文化的拥护。

在中国，大多数墓志铭是为有政府官职的人书写的。但也有作者愿意为其他可敬的人书写墓志铭，比如有德的女性，杰出的佛家及道家僧侣，以及没有任何官职的人。最后一类墓志铭经常称逝者为处士。由于缺乏关于官职、功勋及备忘录等材料，作者往往从别处寻找赞美逝者的理由。处士可能因为诸多原因而被歌颂，比如其儒学造诣，对人慷慨，纠纷调解的能力，或者尽孝道，逝者也可能单纯是因与众不同的个性而令人印象深刻，使得广受尊敬的人为他撰写墓志铭。作者有时通过亲戚或邻里关系而认识逝者，有时则与逝者素未谋面。关于逝者的描述难免千篇一律，但偶尔也会包含一些生活轶事。在这些轶事中，逝者常与其邻居产生强烈对比，后者可能展现出懒惰、贪婪、好争辩的缺点，甚至有些会从事佛教活动。总之，相比起仕途坦荡的成功人士，为处士而作的墓志铭可以为读者提供关于中国乡村生活的丰富体验。

魏了翁（1178—1237），蒲江人（今属四川西部），是南宋末年最著名的儒学拥趸之一。四川西部在当时是较繁华也颇具文化气息的地区之一，但距离首都遥远，通过科举考试的人也较少。魏了翁在1199年考中进士，一时让他成为本地的名人。他最初在四川担任官职，但后来于1202年被召到首都，最终任职校书郎。魏了翁生性耿直，曾批评朝内颇具权势的韩侂胄（1152—1207）对金朝的作战计划。不久后，魏了翁又与宰相史弥远（1164—1233）交恶，致使魏在1205年返回四川。在此之后多年，魏了翁都在四川担任本地官职，并因为大力推行教育和加固军事防守而广受赞扬。他还设立了理学书院，吸引了当地不少学者。魏于1222年再次被召回首都，但又因为批评朝廷内滥用行政权力和宋理宗（1224—1265）继位一事（雪川之变）再次树敌，导致他再次被贬职到靖州（今贵州靖县）。直到史弥远过世，魏才得以于1233年再次返回首都，并留在那里直到他去世。魏了翁去世后，留下大量他所收藏的南宋末年文学作品，还包括他自己收集的对儒学经典的议论作品。正如不少其他南宋的理学家，魏的仕途颇为坎坷，但最终因其学术成就而被人铭记。

魏了翁著有上百部墓志铭。他为魏雄飞撰写的墓志铭大约完成于1210年后半年。当时他在眉州任职，眉州与邛州接壤，而邛州既是魏家祖籍的所在地，又是魏雄飞去世的地点。在魏了翁任职于四川期间，他曾为不少亲属撰写墓志铭。与其他亲属不同，魏雄飞的墓志铭没有明确阐明他与作者的亲属关系。根据该文所述，魏雄飞去世于1207年，但他的亲属直到三年后才将他下葬。相同地，魏了翁的祖母也是在几年后才被魏家下葬，但魏在为她撰写的墓志铭中为此做出了风水学相关的解释。但对于魏雄飞，魏了翁没有给出任何解释。

魏雄飞的墓志铭在几处值得注意，并引发我们对于墓志铭这个文体的思考。首先，魏了翁常常先在墓志铭的开头提到逝者，有时他也会详细讲述他与逝者如何相识，或者对当时的历史背景给出相关介绍。但魏雄飞的墓志铭却大不相同。首先，在这篇墓志铭里，魏了翁引用《汉书》里的一篇传记，以此作为开篇，这篇传记写于一千年前，而且与魏家毫无关系。其次，当墓志铭终于进入正题时，作者展现了一个关于魏雄飞生活图景的大杂烩，为读者呈现出一幅颇为复杂的景象。一方面魏雄飞工作刻苦，十分顾家，而且闻人之善则呕呕称道。另一方面他好与人争论，交友不慎，这违反了孔子"无友不如己者"的教诲。魏雄飞的这点缺陷让魏了翁十分困扰，这也是为什么后者以一段相似的汉代历史记录作为开篇，并在后来又回到这一点上。魏了翁还表示他起初并不想为魏雄飞写墓志铭，而是在魏雄飞之子向他提及过去重要的墓志铭之后才勉强同意。有些作者这样推托是出于文人的谦虚。但魏雄飞之子所提及的墓志铭中，逝者往往位居高位，这与魏雄飞截然不同，这让整个事由多少有些前后矛盾。原则上，墓志铭最后的韵律挽歌是全篇最重要的部分。作者通常在这部分将逝者的生平编写成诗歌或者长篇韵文。但这篇墓志铭里，挽歌的部分简短而泛泛，没有涉及任何魏雄飞生平的具体内容。

魏了翁所写的这篇墓志铭给当代读者们带来不少疑问。为什么魏雄飞不得不终止研学？他到底经历了何种变故？究竟何种"困心"导致了他行为的变化？阅读佛教书籍是否改变了他？具体来讲，魏雄飞到底交往了哪些损友让魏了翁如此耿耿于怀，以至于后者特别要在墓志铭中提及此事？为什么魏了翁要尤其澄清自己是迫于亲戚压力才著此墓志铭？不论魏雄飞有何过错，他毕竟是魏家先人，理应受到祭祀，这让魏了翁的不情不愿显得有些蹊跷。还有，魏了翁为何要引用与魏雄飞毫不相同的著名学者官员的著作？虽然很多墓志铭都给后人留下不少谜团，魏雄飞的这篇却显得与众不同。这篇墓志铭明确告诉我们，不论当时对该文体有何种限制，有些作者会不拘泥于这些限制，在书写中选择自己认为适合的形式。

志文：

处士魏君雄飞墓志铭

魏了翁

汉原巨先豪于谷口，人无贤不肖阗门。或讥之曰："子本吏二千石之世，结发自修，何遽自纵放为轻侠之徒乎！"巨先亡以应，则托诸家人寡妇以况己，且曰知其非礼，然不能自还。呜呼斯言，奚无理之至也。士方为血气所役，伥伥于外，特患于未之知焉耳，知之斯速已之，顾安有不能自还者邪！

吾族祖仲举讳雄飞，少亦以气盖里中，虽尝束书从临邛李静一纯粹游，会离家难，不克卒业。寓邛之南道，其地号曲路，居民鲜少，生理寡薄，农耕贾鬻，铢衰氂积，董董给伏腊。

君故蒲江徙，久而从其俗，买酒舍，召庸保杂作，盱衡抵掌，见事风生，有小不便必以控于守宰，不得其平不已。逮阅变既久，因心衡虑，于是卷束豪锐以从其所当事者，振施乡邻，辑柔宗姻。岁大祲，尝发粟以食饿者；其不幸而丽于法，又为讼其冤，迄于全活。族孙有少孤者，三出蕢葰，君聚族而赙之，其榼柎窆葬之事悉为经理焉。

晚尤喜释氏书，庞眉鸠杖，颓然终日，语不及家事，闻人之善则亟称之不翅己出。余叔父仲祥甫及余预宾荐，蹋科级，君喜至忘食，以是益勉子孙以善。其深自绳削，求为笃厚之归，乃至若此。然则不能自还于礼如原巨先之去者，其贤不肖固不待论而判矣。

年七十有八，以开禧三年七月丙子终于家。曾大父某，大父某，父某，妣某氏。配同里王氏，淳熙四年七月壬寅卒。生三子男：巳之、巽之、申之。女长适郭宜孙，次文主，次张由礼。内外孙男女十人。

巳之将以嘉定三年十月□日葬君、夫人于县之钦德乡旷义里震山。先事，属铭于某。蘵然心制，谢不能文。则曰："柳柳州尝表陆元冲，欧阳文忠尝铭杜伟长，凡皆推己之哀以致诸人，矧在宗族，子何辞焉？"乃摭幼所逮闻于诸父者而叙次之，复系之铭曰：

悠悠浮骖，载驰载驱。惟君复之，说于桑榆。侯田侯庐，我耕我居。侯黍侯稌，我湑我酤。荒是南道，爰启厥初。根膏实腴，后嗣之须。[1]

延伸阅读：

伊沛霞（Patricia Buckley Ebrey）：《宋代的家庭与财产：袁采的〈袁氏世范〉》（*Family and Property in Sung China: Yüan Ts'ai's* Precepts for Social Life），普林斯顿大学出版社，1984年。

艾朗诺（Ronald C. Egan）：《欧阳修的文学作品》（*The Literary*

---

[1] 曾枣庄、刘琳编《全宋文》，上海辞书出版社，2006年，第311册，第7112卷，第92—93页。

Works of Ou-yang Hsiu），剑桥大学出版社，1984年。

何复平（Mark Halperin）：《庙宇之外：宋代士人佛教观，960—1279》（*Out of the Cloister: Literati Perspectives on Buddhism in Sung China, 960—1279*），哈佛大学亚洲中心，2006年。此书中译版，叶树勋、单虹泽译，江苏人民出版社，2022年。

马伯良（Brian E. McKnight）、刘子健（James T.C. Liu）译：《名公书判清明集》（*The Enlightened Judgments Ch'ing-ming Chi: The Sung Dynasty Collection*），纽约州立大学出版社，1999年。

（何复平 [Mark Halperin]）

第十三章

婚姻关系中的妻子与长辈

邹一龙（1204—1255）
邹妙庄（1230—1257）

这两篇墓志铭的特别之处在于，它们让我们得以管窥宋代学者与其家庭的情感和私人生活。除了提供关于作者姚勉婚姻生活的细节、他两任夫人的文学才华和思想、他与岳父母的家庭等信息以外，这两篇文章还如实反映了他自身的性格以及他笔下人物的性格。

导读：

在帝制时期的中国，家庭和亲属关系是社会生活的重要方面。尽管儒家学说重视父系亲属，然而实际情况是，母系亲属对个人与家庭的前程也至关重要。岳父能够点拨甚至提拔女婿。而对于岳父而言，一个才华横溢的女婿不仅能够保证他女儿和他外孙、外孙女的生活，而且是他儿子以及孙辈的重要助力。同时，因为中国的女性婚后一般从夫居，和丈夫的父母居住在一起，那么一个好儿媳就有助于家庭和谐、管理家庭和养育儿女。基于以上这些原因，中国的父母会慎重选择自己孩子的婚姻伴侣。

这里介绍的两篇墓志铭正说明了这一点。它们都是由宋代末期入仕的学者姚勉（1216—1262）所撰，记录了他的岳父邹一龙，以及相继成为自己两任妻子的邹妙善（1228—1249）、邹妙庄（1230—1257）姐妹。两篇墓志铭都特别提到了邹一龙因为姚勉的面相而坚信姚勉仕途能够成功。

这两篇墓志铭还细致描述了两个大家庭的环境，同时也介绍了两任妻子的性格、文学才华与思想。一般来说，墓志铭是我们了解女性与家庭生活最好的资料来源之一，而姚勉异常的诚实态度又让他的两篇墓志铭极具史料价值。最后，这两篇墓志铭也从侧面反映了姚勉自己的性格特点：他对自己才华的自信，对功名的渴望，对鬼神志怪的着迷，和他去理解自身所处的将颓之世的挣扎。总之，姚勉的两篇墓志铭让我们得以管窥宋代学者及其家庭的私人感情生活。

姚勉，号雪坡，他的一生传奇而悲情。1216年，他生于一个没落的文人家庭。姚勉的两名先祖在十二世纪早期通过科举考试获得了功名，但接下来的一个世纪里这个家族没有获得功名的记载。姚勉的父亲是庶子，过着地方乡绅的生活。姚勉自身受过良好的教育，但是他的著作（包括他为岳父邹一龙写的墓志铭）都强调了自己家庭的窘迫潦倒。姚勉15岁就参加了地方的解试，但是直至1253年（宝祐元年）他37岁的时候才在廷对中名列第一。然而科举获得第一后不到一个月，他的父亲就去世了，根据丁忧的律法，父母去世后的三年内，儿子不能出仕，因而姚勉在此后三年也未能出仕。直至1256年丁忧结束，姚勉年已40岁，终于可以出仕。但是在他抵达宫廷接受官职之前，一场激烈的党争事件又促使他辞去官职。直至1260年，他再次获封官职，然而仅仅八个月之后他因获罪于当权派而再次被罢黜。这次丢官返乡之后仅两年之内，1262年，他就因病去世。

除了姚勉所作墓志铭，我们对其妻家，即（江西）丰城邹氏家族知之甚少。但是姚勉介绍了（在两篇墓志铭中着墨甚多）邹家与丰城更显赫的李家是姻亲。姚勉两任妻子的外祖父李恕己曾任县官，而李恕己的哥哥李修己曾任朝廷的中级官员。李修己的儿子李义山（即姚勉岳母的堂兄弟）甚至官拜提点淮东刑狱使。由此我们可以推论，邹家尽管没有人获取功名，但仍然（或说曾经一度）富甲一方或者权倾一方，如此才能与地方有功名的家庭门当户对成为姻亲。

姚勉不仅事业失意，而且家庭遭遇不幸，这两者在两篇墓志铭中都有细致说明，同时在姚勉的传记也有不少细节。姚勉也说自己并非良配，当邹一龙考虑把女儿嫁给他的时候，姚勉已经29岁了，还从未结过婚，这一情况也印证了他自己的说法。尽管姚勉已是有名的文人，他依旧清贫而且未考取功名。资料中记载，姚勉后来的岳父邹一龙随着邻居众人一起拜访姚勉的时候，就被他的面相吸引。此后邹一龙不顾家族成员的反对，坚信姚勉以后一定会成功而且坚持将自己的女儿嫁给了他。几年以后，尽管姚勉两次科举落第，但是在1248年姚勉终于与邹家联姻。不幸的是，仅仅一年以后，姚勉的妻子就因生产去世。他们的女儿也在一年以后夭折。姚勉起初提议续娶发妻的妹妹以延续两家的姻亲关系，但是这一提议被回绝了。直到五年以后姚勉考中进士，邹一龙才将小女儿嫁给姚勉。但是根据姚勉的描述，邹一龙因为相信姚勉能考中，所以在这五年间并没有给小女儿安排其他婚事。在那时，成为一名状元让姚勉在婚姻市场上身价倍增。这时姚勉仍坚持与邹家的联姻，在姚勉的笔下，这是自己恪守承诺的表现，而自己恪守承诺是为了回报岳父对自己科举成功的信心。

姚勉本该是在考中以后当年就结婚的，但是姚勉的父亲在当年的秋天病逝，所以他与邹家女儿的婚事被延迟至1256年初。（让人奇怪的是，尽管姚勉试图掩盖，但是事实是邹一龙在婚礼举行前三个月就去世了。而按照礼仪，邹一龙的女儿应该服丧一整年。）和第一段婚姻相似，姚勉的第二段婚姻也是不幸的：就如她姐姐一样，姚勉的第二任妻子也在成婚仅仅一年以后同样因生产去世，而这次生产只留下了一个男孩死胎。

除了关于姚勉生活经历的一些细节，这两篇墓志铭的特别之处还在于人物刻画。姚勉岳父的墓志铭的主旨在于突出邹一龙的知人之能，特别是他对姚勉才华毫不动摇的信心。这一主旨不仅贯穿了墓志铭全文，也主导了墓志铭末尾处的挽歌。墓志铭对邹一龙热心赞助文化与文人的描述也强调了这个主旨。文中描述他对文人的倒履相迎、慷慨款待和厚礼相赠。他为自己的儿子们延聘西席而且专注聆听他们的讲解。虽然他没有直接说，姚勉已在文中暗示了邹一龙款待文人的花费超过了他的承受能力。他承认其他人会笑邹一龙挥霍无度以致入不敷出。而邹一龙未能给自己的两个儿子与一个未出嫁的女儿安排婚事也侧面说明邹家的入不敷出。尽管姚勉借口邹一龙对于挑选儿媳与女婿十分谨慎，思虑再三，但此事也可能反映了邹家的败落。

姚勉为第二任妻子邹妙庄写的墓志铭也提供了很多细节，不仅有关于妙庄的细节，还提及了他的第一任太太妙善。这篇墓志铭里包含了女性墓志铭里所有的常见修辞手法：妙善安贫乐道，孝敬父母，通《论语》和《孟子》；妙庄恭敬恪守祭祀事宜，待人接物不卑不亢，进退有度，将妾室的孩子视如己出。两任妻子都支持姚勉的学业，勤恳操持家庭，用自己的嫁妆补贴姚家。可是，除了这些常见的描写以外，这样罕见的丈夫给妻子写的墓志铭也能让我们了解更多的私人交往信息。姚勉强调了两任妻子的文学才华，包括她们作诗的能力。但是姚勉会小心地证明他的两任妻子都对作诗一事非常谨慎，因为此事被很多人认为是艺妓们在勾栏瓦舍中施展的手段而已。姚勉以别号来称呼他的两任妻子，他称呼妙善为"竹堂"，称呼妙庄为

"梅庄"。姚勉还讲到一件往事，他曾经给妙善的弟弟出了一句五言来作对，妙善立刻想起一句绝妙而逗趣的五言来对。他还生动描绘了妙庄在山顶题了一首七言绝句的场景，并将此绝句摘录。他注意到妙庄热衷山水，他俩曾经一起出门欣赏美景。姚勉曾许诺带妙庄一起去庐山游玩，然而妙庄来不及去就殒身了。姚勉也赞美妙庄对富贵毫不在意。他辞去官职时，她乐意地说："妾愿为贤人妻，不愿徒为贵人妻也。"他还记下了妙庄如何将黄金珍珠发饰换成了平常装饰。

姚勉对于两任妻子的描述也告诉了我们一些在墓志铭里很少出现的家庭交往信息。他强调了妙庄并没有设立一个有别于其他家庭成员的独立厨房，这一描述暗示了作为官员的新身份会使一般人想和他们的兄弟分家。他写道，妙庄宁可和妯娌共饮酒，也不和他共饮。他还说到在妙善死后，他的一个妾室生了一个儿子，于是他把这个儿子立为嫡子。而妙庄不仅将这个儿子当成自己的儿子一样抚养，而且许诺将自己腹中未出生的孩子过继给没有子息的姚勉的大哥，姚勉因此对妙庄感激非常。最后，姚勉还记述了一件事，在他即将赴任的时候，妙庄坚持"子且仕矣"，他们夫妇就应该张罗他弟弟妹妹的婚事和她父亲、祖父的迁葬事宜。读者就会了解到，因为姚勉新的职位给家里带来了新的收入，他们才能承担这一系列原本不能承担的礼仪事项。

然而，不论这两篇墓志铭揭露了多少社交与家庭生活细节，它们更能展现的是姚勉本人的性格与癖好。它们显示了姚勉对自己才华的自信或者说傲慢。姚勉强调岳父知人之能，声称通过自己的赞扬，岳父和两任妻子才得以为后人所知而不朽。姚勉的这些叙述其实都在侧面展现自己的才华。这两篇墓志铭也揭示了姚勉对谶语与预兆的痴迷。由于姚勉第一任妻子去世那天正是第二任妻子的生日，姚勉认为这两姐妹是"一人而二其生"。而两任妻子都是在嫁给他一年左右同样因为生产去世的，这个巧合更是加固了姚勉的看法。他对于预言的痴迷还体现在他认真对待妙庄隐晦的临终遗言，妙庄临终前仍告诫姚勉不要出仕。最后，墓志铭还体现了姚勉傲慢的态度之下隐藏的不安心态和内心的防备。这种不安体现在他出于自己认为的"义"而坚持与邹家联姻。（在第二任妻子去世之后，姚勉立下誓言不再续娶，他与邹家的姻亲关系得以继续保持。）姚勉在妻子墓志铭的最后几句表面上是阐述他自己的道德原则，却更明显地体现了他自己的不安："使某比之匪人，苟不义富贵，为世所笑骂，以此易彼，不惟外舅不欲，二妇亦不欲也。"

志文：

丰城邹君墓志铭

姚 勉
宝祐四年十月

始某未第时，家徒四壁立，读书声与腹雷并作。过之者弗睨也，孰有以子妻之者。乙巳冬十月，忽晨有数客至，出延之坐，不知中一人乃邹君也。去数日，媒以书来曰："丰城邹君有息女，不肯与凡子。择名士，欲以为婿。昔者微往，见子则大喜，以为毋论其文，在相法亦当富贵，决意婿子。或有短之者曰：'姚虽儒，贫也。屋数间且破，瓦不覆椽，日与天日相觑。风旁雨上，何以处君女?'邹君笑之曰：'之人也，虽无屋，可婿，况犹有椽乎。求士诏近矣，之人且举且第。'邹君之意如此，子以为何如?"

时先君子闻此言，大贤之，即许诺。明年丙午，某试乡举不中选，丁未游太学，复不遇。人皆笑邹君大误，君不之改。戊申，某始受室。己酉，不幸先室人即世。笑邹君误者哄矣，君亦不之顾。又五年癸丑，某始以集英廷唱赐进士第一人。时邹君则留次女未嫁，俟某之成名而继之婚。某亦感君之知己也，罔敢背德义，遂继好。前笑者方止，咸服君有知人之见。某方窃禄斗升，亦愿奉两家翁宦游四方乐也。呜呼，岂料某不孝不天，至自京仅一月，先君子弃我，不两年，妇翁又弃我乎！大德不报，哀哀靡忘，不为之铭，是没其素。

君讳一龙，字伯骧，世为豫章丰城东湖人，后徙邹舍。曾祖某，祖某，父某，皆有德而隐。君和易谦厚，质直谨信。少厉于学，事亲孝，为兄友，田畴室屋皆择取下者，而以华腴让其弟。在乡里，虽田夫野老，待之一以礼。与物无忤，好善急义，每损己济人。姻党间尝有困于讼者，君质田拯援之，后竟不偿贷，君亦不问也。

有横逆必自反，犯而不校，然刚肠嫉恶，有悖于理道者，未尝与之坐，视之如仇，虽请召弗往。及儒士至，则爱之如父母，倒屣迎御，挽留继日，燕觞娱乐，去则馈之赆。他人之门可罗雀，而君门外，日有长者车辙。性不嗜酒，惟喜酤旨以饮客。岁所收仅足厨传，家无赢财，人皆笑君不事产业，务储峙，君则亦鄙其奴事钱粟也。

喜教子，择名师馆之，日夕偕寝食，铿然夜诵，率至明发。君坐其间听之，不翅弹丝吹竹之乐，未尝有欠伸态。好儒嗜书，盖天性如此。女不肯泛嫁，子亦不肯轻娶，以是殁之日，二子皆未婚，幼女亦未有适。

始娶陈氏，早卒，再娶李氏，竹林先生之孙，武冈宰恕己之女，今提点淮东刑狱使者、宗正丞义山之从女兄也，前君二十年卒。某之妇及君长子则其出。三娶周氏，皆儒族。

君生于嘉泰甲子之七月辛巳，殁以宝祐乙卯之十有一月甲午，仅年五十有二。初苦痔，继以喘，知弗可疗，乃却药不御。将属纩，语不及私，惟戒子读书，属某与师以改葬其父及教子而已。余问者皆弗答，麾家人使去，曰："吾不死妇人手。"沐颒已，正枕衾，逝于正寝。闻者皆悼叹。於虖！如君者，当求之古人也，今人盖不多见。犯姗笑，择寒士为子婿，一不止，又继之。虽不获飨有其报，其事则可书矣。天虽不假之寿，殁而有称，即寿也。况所积者退，其后必昌欤。

有子二，成大、可大。女子子三，妙善、妙庄，则婿某者也，妙端在室。岁丙辰，君殁且期年矣。宅兆未协卜，某误恩得召，虽以禄养弗及不忍仕辞，亦念君未葬，不敢负所托。改外太舅葬，既有远日，十月庚申，迺克相

二孤奉裹事,葬君于归德乡之栗田,附先墓,且乐丘也。碣之阡以诏后。铭曰:

　　呜呼邹君室此区,其生之年雅好儒。教子以经志勤渠,择婿一事最可书。若此婿者世岂无,识之未遇则罕如。天啬其年人所吁,积善之庆必有余。山中峨峨墓之庐,过贤者墓当下车。[1]

梅庄夫人墓志铭

姚　勉
宝祐六年三月

　　梅庄夫人邹氏,讳妙庄,字美文,丰城县兴仁乡邹舍里人,高安雪坡姚某之妇也。曾祖讳某,祖讳某。父春谷先生讳某,字伯骧。母李氏,知武冈恕己之女,邑管安抚修己之犹子,提点淮东刑狱使者义山之从女兄也。某先娶夫人姊讳妙善,字美韶,亦端惠淑顺,生绍定戊子十月辛丑朔日之中。九岁失母,克综家事,育弟妹至成人。年二十有一,归于某。某时甚窭,无肯妻以子者,外舅独愿

---

[1]　曾枣庄、刘琳编《全宋文》,上海辞书出版社,2006年,第352册,第8143卷,第145—147页。

女之，家人更谏不听，卒许嫁。竹堂既归，能安贫，事某父极孝。解其装质以赡族亲，客至不戒而殷酒具。静重寡言，通《孝经》《论语》《孟子》，偕某夜读书，卒不寐达明。某虽贫，竹堂善经纪其家，使至不乏，而逸某以学，族间姻戚甚宜之。不幸近一年，己酉之五月，生女荣，至六月辛丑朔，才二十日而殁。次年，荣亦殇。

某感念外家知己，不敢忘义，不忍他娶。服既除，求继好。外族哗然莫之从，夫人盖亦怨其为是请者也。独外舅爱某以心，卒不以夫人他许，间有请婚，卒议不合。越五年癸丑，某对大廷，天子亲赐以第一。感念不忍负外舅，复于大人再请盟，外氏方许诺。夫人曰："是不易交易妻者。"亦可之，将以是冬娶。会十有一月，先君弃诸孤，不果。丙辰二月，乃克亲迎。

夫人贤犹竹堂，而又明敏英悟，动率礼法。自以不逮养舅姑，四仲月恪恭祀事，事尊者甚礼，抚卑者甚恩。先室无子，没后妾黄生子元夫，告庙立而嫡之。夫人归，爱元夫真若姊之子与己之子，缝组裘履不少懈。自训之书，谓外舅婿儒，政为教子地，延名师某家，诲其二弟，就俾元夫学焉。

室不置私庖，有杯酒必与妯娌同饮，而使某外饮兄弟宾客，盖未尝夫妇自亲瓶罍也。义理相扶，有过必救。某间怒臧获，必警曰"惩忿窒欲"，稍起私念，必警曰"克己复礼"，朝夕多赖其益。好善喜义，轻财周急。初归时，某从妹及庶弟皆未婚，夫人曰："子且仕矣，不可有未了婚嫁。"汲汲择姻。闻梧州赵司理孤女贤，聘为叔姒，而以从妹归进士龚三德。是年五月，某得越幕。七月，误恩蒙召，辞弗俞。九月，除某秘书省正字。夫人曰："毋急进，姑了吾事。"必婚嫁予弟妹，葬迁其父祖。十有一月末，乃行。婚丧凡四，而两三月为之治办整如，略不见难色，送迎资聘，大抵皆其衣珥，无所惜也。既偕某入京，至中途，三学上书言事，士皆以罪逐，累累满道，参相久轩先生且去国。某骇所闻见。忧得疾，不欲往，然恐伤夫人从仕意，进退维谷，未有攸处。夫人曰："人之出处，如鱼饮水，冷暖自知，尚何疑乎！臣受君恩，有过则谏。谏而不听，则去。毋以妾故。苟以直言得罪，愿同谪岭海，死不悔。妾愿为贤人妻，不愿徒为贵人妻也。"某甚壮其言。

时方有轻去重留之戒，某恐至国不得言，越职言且得罪，言而去，罪必重。夫人娠月已深，某不忍以远留累，乃援老泉苏公例，辞召上封事，且与丞相以书，买舟自信江径归。夫人喜，即日屏金珠首饰，遣人市锻石簪插之。

某问其故，笑答曰："荆钗布裙，入山之服当尔。"某益钦叹其勇。

丁巳正月，归至家，戒某杜门谢客，一意读书。初出，以家事托某从兄嫂。归日，一仍其旧，率弟姒以听，虽羹藜饭糗，一室如春。闺门方肃肃有度，三月，而夫人死矣。

先是，某长兄死，无子，族昭穆无宜当者，尚未有以嗣。夫人谓："幸有娠，女也自育之，男也以为伯后，元夫即吾之子矣。"呜呼！斯言也，可以感天地及吾祖宗矣，乃竟以此死。三月望之前一日临蓐，果生子，但已死。复越七日丙午，夫人遂亡。病且亟，犹命工缝以衣元夫。某至今命元夫无敢衣之，笥藏以识母德。死之日，犹戒某勿轻出，再三诵"犹吾大夫崔子也"一句，不能晓其意，问之不答。呜呼，其有所为也夫！夫人为李氏甥，李氏学自文公先生来。且熟闻彭夫人相后林先生家法度，务则而行之。日读《论语》《孟子》数篇，间喜观唐绝句诗，尤爱诵文公先生《武夷山十咏》，宛转高下其声以歌之，而不喜世所谓乐府。姊妹皆能诗，然皆不肯作，曰："非女子事也。"竹堂存时，见某教其幼弟属五言对，以"两岸绿杨风"命之，竹堂以"八砖红药日"对，意以属某也，某大骇其能。梅庄与某过信之月岩，爱其奇，领姬御翩翩登之，某在后望之如仙。直至岩所，命笔识岁月，题一绝云："半壁行天柱倚空，人间有此广寒宫。从今真似天边月，曾得嫦娥到此中。"自择风雨不及处题之。不因此题，某亦莫知其能诗也。其深静皆如此。厥后某索其倡赓，辄不可。

性喜山水，既西舟，曰："虽弃官，不可弃山水。"登溪山堂，饮而去。某复以诗请，曰："此人迹所至之地，安可留妇人姓名于是间。"卒不许。噫！夫人之志，于此亦可观也。舟过鄱阳湖，闻自是可往庐山，意欣然欲行。某不可，约以秋，而夫人不复秋矣，哀哉！

夫人以庚寅六月辛酉朔日之巳生，与竹堂夫人讳同日。在某家是日元夫为寿，蹙额弗许，常自谓疑与姊一人而二其生，故身死同日。与竹堂貌本异，归日，举动言笑，家人皆以为甚类竹堂。且嫁某皆一年，又皆以蓐至大故，是不可晓也。

呜呼！外舅以夫人姊妹婿某，某亦未能以毫发报，但以谋嗣续故，累其二女皆早殁。彼苍者天，何辜如此！福善寿仁，理复安在！外舅择婿于贫且贱，使其女得同其爵位富贵而居有之，亦足少为好儒者之劝。今其报乃如此，为善者其惧矣。虽然，人有生而如死，亦有死而如生。某生天地间，虽止两年，有妇二。妇虽皆一年而殁，然而一年之中，百年义在，某誓不负外舅知。且有子元夫，娶决不再矣。俾元夫尽子职以报劬劳，某也益自植立，复植立其二弟，使邹之门户终显有光。外舅与二妇，虽死不死，过于生时，是即善之终福，仁之终寿也，亦可以厉薄俗矣。使某比之匪人，苟不义之富贵，为世所骂笑，以此易彼，不惟外舅不欲，二妇亦不欲也。"愿贤而不愿贵"，梅庄此语，其某也终身之药石乎。铭吾之心，且以铭墓。墓与竹堂夫人同域，葬以戊午三月壬申。铭曰：

夫妇天理，无古无今。人孰不死，不死者心。姊贤早亡，妹继亦逝。天欲观予，终始斯义。不尚夫贵，愿贵而贤。斯言有味，青史可传。揭铭于阡，以诏万古。永言保之，里二贤女。[1]

延伸阅读：

柏清韵（Bettine Birge）：《宋元时代中国的妇女、财产及儒学应对》（*Women, Property, and Confucian Reaction in Sung and Yüan*

---

[1]　曾枣庄、刘琳编《全宋文》，上海辞书出版社，2006年，第352册，第8143卷，第147—150页。

China[*960—1368*]），剑桥大学出版社，2002年。

柏文莉（Beverly Jo Bossler）:《妓、妾与贞节观：中国历史上的性别与社会转变，1000—1400》（*Courtesans, Concubines, and the Cult of Female Fidelity: Gender and Social Change in China, 1000—1400*），哈佛大学亚洲中心，2013年。

伊沛霞（Patricia Buckley Ebrey）:《内闱：宋代妇女的婚姻和生活》（*The Inner Quarters: Marriage and the Lives of Chinese Women in the Sung Period*），加利福尼亚州大学出版社，1993年。此书中译版，胡志宏译，江苏人民出版社，2004年。

许曼（Xu Man）:《跨越门间：宋代福建女性的日常生活》（*Crossing the Gate: Everyday Lives of Women in Song Fujian*[*960—1279*]），纽约州立大学出版社，2016年。此书中译版，刘云军译，上海古籍出版社，2019年。

（柏文莉［Beverly Bossler］　文，王楚楚　译）

第十四章

蒙古统治下的小吏升迁

苏志道（1261—1320）

蒙古军征服中国之后，汉族文人的一个养家糊口之道是担当衙门小吏。这篇墓志铭在褒扬死者苏志道的品德和能力之外，似乎还旨在说服读者不要看不起书吏出身的人。这篇铭文还记录了汉人行政管理风格在蒙古境域的延伸。

导读：

在中国史资料中，我们很少能找到有名有姓的胥吏。他们的身份不是有地位的官员，他们是这些官员的下属。而且，有关胥吏的记载似乎多为贬抑：他们道德低下，官员应当对他们保持戒心。他们收贿受贿、敲诈勒索、欺压百姓。然而，在政府机构中他们又是不可或缺的，在大部分政府部门中，胥吏的人数超过了各级官员的人数。这些衙门小吏不需经历科考，也不会像品官那样被调到外地。

蒙古人在1234年占领华北，随后又在1279年完成对中国的征服。他们急需一大批能够为不懂汉文的蒙古官员处理文书的胥吏。同时，在元代，受过传统儒家教育的文人能够挣得一官半职的机会很少，在1315年恢复科举考试前尤其如此。因此，在衙门中担当书吏成了这些文人维持家人生活的途径之一，同时它也提供了一个可以由此晋升为品官的微小机会。

这篇墓志中的苏志道就是这样一位担当了几十年书吏后被提升而进入官僚体制的人。墓志作者虞集（1271—1348）在文中突出地描写了苏志道的书吏生涯，并辩解道，蔑视以书吏起家者是不合情理的，因为"钱谷转输期会，工作计最，刑赏伐阅，道里名物，非刀笔简牍无以记载施行"。

苏志道的早期生涯大多是在华北度过的，但升任官职后，他曾被调到江南一带调查白莲教之乱，此后又被派往蒙古地区考察雪灾，平定暴力起义。

苏志道的家人在其他四份墓志中有记载。我们之所

第十四章　蒙古统治下的小吏升迁　145

吴郡之地，廣袤沃衍，远於崇山峻岭，拙上人禪居，高閒罕事，杖屦時獨，手蓺侍郎墨圖于明窗之下，以自托其登臨高遠之意，信夫天台衡岳往来者之良勞也。虞集題

虞集书法

以有这些苏家的墓志是因为苏志道的儿子苏天爵（1294—1352）在元朝廷中步步高升，他先祖因此而得以追赐官衔，这又成了为他们撰写墓志的正当理由。从这些墓志中我们得知，苏志道并不能记得四代以上的祖先，而他的父亲是家族中第一个挣得一官半职的人。

1214年蒙古军重创河北后，苏志道的曾祖苏元老携家逃往开封。十三世纪三十年代早期，当开封岌岌可危之际，苏元老决定回到他祖先的葬地。这一行程非常惊险，他们几度濒临死亡，但最终还是到达河北真定，并在当地购置土地。开封被蒙古军攻陷之际，元老与他的弟弟在兵荒马乱中与弟弟失散，从此再没有见面。当时，真定百姓经年食不果腹，苏元老竭尽全力帮助乡亲。他活到86岁，在1276年过世。

苏元老有一个儿子苏诚。苏家逃往开封时，苏诚才十二岁。在战乱中长大的苏诚自然对兵器和马术十分娴熟。虽然当地百姓习惯于逃离地方恶棍，但苏诚却要直面这些暴徒。墓志材料显示，他组织了当地的百姓与他们抗争，从而赢得闾里乡亲的赞誉。由于当地缺乏学堂，苏诚自己在家给儿子们讲课。他的长子苏荣祖是一个很勤奋的学生，家藏书卷无数，以文才为当地百姓占卦算命，提供医疗咨询。他最终谋得一个小官，在真定衙门供职，处理税务，但不久便为了照顾年迈的祖父而辞去官职。

这篇墓志的作者虞集是一位声望极高的学者，共撰有八十九篇墓志。虞集与苏天爵身处同一个僚友群，因此，我们可以断定他所撰写的墓志是基于苏天爵所提供的信息。从元代后期的史料中我们得知，元代最有名的书法家之一赵孟頫（1254—1322）曾是虞集所撰碑铭的书家，但是《苏志道墓志》碑石没有留存下来，似乎也没有拓片流传。

《苏志道墓志》反映了汉人的行政管理风格是如何在蒙古境域实行的，这包括了向和林疏运粮食以赈饥荒，向当地的牧民和从内地迁徙至此的农民提供救灾措施。苏志道的赈灾成就是汉人行政管理体系的一个好典范。有意思的是，作为一份反映书吏生涯的史料，《苏志道墓志》列出了他所从属的官员的名字，这说明，苏志道将自己看作是体制中人。可见，深受高官和要官信任的胥吏往往以他们与上司的关系为豪。

在《苏志道墓志》中，作者虞集似乎故意回避了一些史实。他提到迁徙至蒙古的汉人以及他们如何成功地适应了当地生活环境，但是他只字不提，是蒙古军抓获了这些汉人并逼迫他们北迁的。墓志第一段提到苏志道在一次暴动之后在和林供职，但这个故事并不完整。很有可能的是，这次暴动有皇室成员的参与，所以虞集没有点明。延祐二年（1315）六月，元仁宗爱育黎拔力八达（1311—1320年在位）企图将皇位传给自己的儿子而不是回归到长兄武宗海山（1307—1311年在位）的世系，他将自己的侄子（武宗长子）和世瓎迁居到远离皇权中心的云南。和世瓎途中经过延安，遇到以前在武宗朝中供职的官员，他们说服他自立为皇，换言之，篡权暴动。但是这个谋反很不顺利，他手下的不少将领纷纷逃亡北方。他们抵达和林后，对当地的破坏很严重。和林出土的同时期的一份墓志记载道，这位墓志主的妻子、孩子、眷属、车辇、衣物、工具、储粮、牲口都被匪徒们杀光、抢光。

《苏志道墓志》的结构颇不同寻常。在提到苏志道去世（1320）后，虞集马上转到他在岭北（大致就是现在的蒙古）的经历，然后开始讲述苏志道延祐三年（1316）以后的职事。对这一时期的描述占据了整篇墓志的百分之四十。之后，虞集才列出了苏志道任职岭北之前的主要经历。这段叙述以苏志道的书吏生涯为始，其重点是推荐苏志道的官员以及苏志道任职的部门，而且略去了具体日期或年份。与其他墓志相同，《苏志道墓志》以诗句式的铭结尾，但是它的长度似乎远超过其他墓志。

志文：

岭北行省左右司郎中苏公墓碑

虞 集

延祐七年二月壬戌，中宪大夫、岭北等处行中书省左右司郎中苏公志道子（字）宁父，卒于京师。七日戊辰，子天爵以其丧归真定。三月乙酉，葬诸县北新市乡新城原先茔之次，而刻石以文曰：

岭北行省，治和林，国家创业实始居之，于今京师为万里北边，亲王帅重兵以镇，中书省丞相吏有优秩，兵有厚饷。重利诱商贾，致谷帛用物，轻法以怀其人，数十年来，婚嫁耕植，比于土著。羊牛马驼之属（畜），射猎贸易之利，自金山青称海，沿边诸塞，蒙被涵煦，咸安乐富庶，忘战斗转徙之苦久矣。丙辰之冬，关中猝有变。未两月，遂及和林。守者不知计所从出，人大震恐，并塞奔散，会天大雪，深丈余，车庐人畜压没，存者无以自活。

走和林，无（乞）食或相食，或枕藉以死，日未昃，道无行人。

方是时，除吏率悃怯顾虑辞不往，独公受命即行。曰："岂臣子避事即安时耶？"既至，曰："事孰急于赈饥者。"

明日，告其长曰："幕府谨治文书，数实钱谷，如前遇事变，无甚费失，上下因为奸利，取且尽，徒有粟五万耳。民间粟，石直中统钞八百贯，安从得食？请急赈之。大人人三斗，幼小六之一。"

即丞请于朝曰："仓储无几，民与军俱天子赤子。赈民饥，将乏军兴。谨储之，则坐视饥者之死。不得已，饥者急在旦莫，已擅发，愿急募富商大家，先致开平沙静附近之粟，别设重购实边。勿惜一日之费，为经久虑，幸甚！"

中书省以闻，天子为遣使护视赈饥，且下令曰："有能致粟和林，以三月至，石与直五伯千。四月至，石与四伯五十千。五月至，又减五十千。至皆即给直。"贾运踵至，不三年，充实如故。乃为成法，使勾稽考核，参伍钳制，以相承吏守之，勿敢易于是。

沿边诸王，多汜（泥）索，公持法一不予。王怒，使人谓公："钱岂尔家物？"公独曰："有司知给军事，非军事诚不敢擅与。且谨惜撙节，非为己私。王幸察，亦无以为罪。"皇子安王是之，褒以衣一袭。吴王亦知公徒行，予名马。公受而倾橐偿其价。

和林禁酒法轻，不能止。中书更奏重法，罪至死。令下三日，索得民家酒一缶。赵仲良等五人当坐。省府论如后奏，公持不可，曰："酒非三日成者，犯在格前，发在格后。当用后法论当坐，犹当用诏书，审复详谳，乃奏决，无敢擅杀。"众不可。公独上其事中书省，刑部如公言，其人皆得不死。

人知公有明决，争者悉诣公。公曰："我不得治有司事。"叱遣不去，卒得一言，则皆服而退。

和林既治，事日简，乃即孔子庙，延寓士之知经者讲说，率僚吏往听，至夜分休。孔子庙，故丞相顺德忠献王所筑，未成而王薨，至公始卒其工。朝廷知公功，使者往来必抚问慰勉。监察御史按事至边，民数百人状公行事，卓卓者数十，上之御史以闻。而公与同列多异议，代归，百姓不忍其去。行至京师卒。

公初以吏事为真定守山西姚公天福所推择，既知名，转补山西河东道按察司书吏。

用使者程公思廉荐，为监察御史书吏，转户部令史。

历枢密院中书省掾，出官承直郎、中书省检校官、刑部主事、枢密院断事府经历、岭北省郎中。终始不离吏事，然皆有可称者。

在真定，从其尹决狱竟，大旱，俄雨。在河东所按问，无自言冤者。在察院，从御史按事远方，能正色感愧所事令，无敢失职。

在户部，从礼部侍郎高公昉治白云宗狱。浙西白云宗强梁，富人相率出厚货要权贵，稍依傍释教，立官府，部署其人煽诱劫持，合其徒数万，轹轹州县，为奸利不法者，能为明，其诖误者出之，田庐资赇，当没入者巨万。没入之良家子女数百，当还民间者，还之。阅二岁，五往返京师，以具狱上。

在枢密院，军吏子孙当袭官，其贫乏者，至十余年不得调，悉举行之。天子使大臣行边，北方独以公从。有弓矢、衣鞍之赐。在中书，值尚书省立，威势赫然，中书掾多从尚书辟，公独不赴，泊然守局如常。尚书省罢，分鞠其铨选，不法者黜夺，必以理。为检校官，得工户二曹滥出财物数千，收之，得吏曹官资高下失当者数十事，正之。在刑部，能不用上官意出故犯者，能却时宰欲杀盗内府金而狱未具者。能出主盗吏之使盗引良民者，能删治其条例以便引用者。在枢密断事府，能辨庶弟之诬其兄、夺其官者。

总计之，盖未尝一事苟废其职者也。然和林之政伟矣！我国家初以干戈平定海内，所尚武力有功之臣，然钱谷转输期会，工作计最，刑赏伐阅，道里名物，非刀笔简牍无以记载施行，而吏始见用，固未遑以他道进仕。

公卿将相，毕出此二者而已。事定，军将有定秩，而为政者，吏始专之。于是，天下明敏有材智操略，志在用世之士，不繇是，无以入官。非欲以是名家，趋急用也。而世或专以善持长短深巧，出入文法，用术数便利为訾病者，殆未尽也。不然，若苏公者，其可以从吏起家少之哉！

公幼不好弄，寡言笑，不妄交。为吏视文书，可否奉行，不待请言者。坐曹归，即阖门，不通问谒。

对妻子，如严师友，内外肃然。好读书，尤尊信《大学》及陆宣公奏议，未尝去左右。笃于教子，余俸辄买书遗之。子亦善学，卒以儒成名，如公志。

公之先，赵之栾城人，再徙真定。曾祖元老。祖诚。考荣。祖以公贵，赠奉直大夫、同知中山府事、飞骑尉、真定县男。妣吴氏，赠真定县君。遗事具先茔碑。娶刘氏，封真定县君，黑军万户义之孙，征行百户诚之女。子男一人，天爵也。以国子高第，授从仕郎，大都路蓟州判官。治公丧以礼，能不用浮屠者。女三人，适劝农司大使宫天祯。次适张蒙。次适承务郎、河南行省都事何安道，封恭人。孙男曰渊。

于是，公之年才六十耳。虽久服官，政皆佐人，无所自，遂方乡用，遽没，君子惜之。铭曰：

有肃苏公，执德不回。渊嘿自持，弗耀其材。始时群公，好善己出。勎学勎耕，匪求乃得。得不以求，气直而昌。謇謇舒舒，何行弗藏。直道若倨，不利涉世。我笃自信，守以终始。五掾大府，位卑志行。四命于朝，弥光以亨。额额和城，兴王攸理。控制朔易，何千万里。国人居之，谷马云生。尚莫往来，矧周其情。御史有简，徒执以书。勎害其人，据义抉除。天子德音，元戎往布。曰尔从我，弓马锡子。再历其方，有法有恩。其人识知，掾语孔文。狃安易挠，我际其会。以哺以缯，幕府维最。边人方怀，公不少留。见用骎骎，而疾不瘳。炎炎弗趋，寂寂弗变。当为而为，当辨斯辨。退而能思，闭户深居。制行甚严，动本于儒。儒行吏师，庶其在此。有书满堂，以遗其子。子能习之，亦允蹈之。岂惟宦成，勗公之私。匪源无深，匪流无长。以承以传，在此幽宫。[1]

延伸阅读：

约翰·达第斯（John W. Dardess）:《征服者与儒家：元末政治变动诸方面》（*Conquerors and Confucians: Aspects of Political Change in Late Yuan China*），哥伦比亚大学出版社，1973年。

罗依果（Igor de Rachewiltz）、陈学霖（Hok-lam Chan）、萧启庆（Hsiao Ch'i-ch'ing）、昌彼得（Peter W. Geier）编:《服务大汗：蒙元早期著名人物》（*In the Service of the Khan: Eminent Personalities of the Early Mongol-Yüan Period*），哈拉索维茨出版社（Harrassowitz），1993年。

兰德璋（John D. Langlois）:《虞集和他的蒙古君主：作为辩护者的学生》（*Yu Chi and His Mongol Sovereign: The Scholar as Apologist*），《亚洲研究学刊》（*Journal of Asian Studies*）第38辑，第1期（1978），第99—116页。此文中译版，收入沈卫荣:《大元史与新清史》，上海古籍出版社，2019年。

牟复礼（Frederick W. Mote）:《蒙元统治下的中国社会，1215—1368》（*Chinese Society under Mongol Rule, 1215—1368*），傅

---

[1] 李修生编《全元文》，江苏古籍出版社，2004年，第27册，第882卷，第379—383页。

海波（Herbert Franke）、崔瑞德（Denis Twitchett）编,《剑桥中国史》第六册《辽西夏金元》(*The Cambridge History of China Vol. 6: Alien regimes and Border States, 907—1368*), 剑桥大学出版社, 1994年, 第616—664页。

欧大年（Daniel L. Overmyer）:《宋元时期的白云宗》(The White Cloud Sect in Sung and Yüan China),《哈佛亚洲研究学刊》(*Harvard Journal of Asiatic Studies*) 第42辑, 第2期（1982）, 第615—642页。

（伊沛霞［Patricia B. Ebrey］ 文, 姚平 译）

第十五章

一位奋起保卫帝国的蒙古人

赛因赤答忽（1317—1365）

> 由于墓主出身于世代从军的非汉人家族，这方墓志
> 铭可以作为研究元代后期华北社会多元文化的宝贵
> 史料。

导读：

在蒙元帝国的统治下，来自中亚、蒙古草原以及东北亚的移民大量涌入中国本土。其中，叫做"探马赤"的非汉族精锐驻军成为了蒙元统治的基石。1990年，在洛阳市铁路北站，洛阳市文物工作队和洛阳市第二文物工作队组成的联合队发掘了一座元代墓葬，墓主赛因赤答忽出身于探马赤家族，其墓志铭记载了该探马赤家族从元代初期到末期长达一百多年的历史，对于元代非汉人移民家族

历史研究颇有价值。墓志铭记载，赛因赤答忽"系出蒙古伯也台（即巴牙兀惕人）氏"，其祖先在十二世纪末已成为蒙古草原主要集团之一。《蒙古秘史》记载，有一天朵奔·蔑儿干遇见"巴牙兀惕部"人马阿里黑（或为巴牙兀惕部马阿里黑氏族的男人），得知其穷困，给了他一支鹿腿。作为回报，他把自己的孩子给了朵奔·蔑儿干。此后，这个孩子的子孙便世代供役于朵奔·蔑儿干后裔的家中。蒙古帝国成立后，巴牙兀惕部出过历代大汗的多名驸马、将军、高位官员，以及皇后（例如，为了嫁给伊儿汗国第四任君主阿鲁浑 [1284—1291 年在位]，与马可波罗一起游历到西亚的阔阔真）。拉施德丁（1249—1318）《史集》记载，为成吉思汗服务的巴牙兀惕部人的后裔，在伊儿汗国也出过多名高级军官。虽然缺乏史料根据，有些学者认为，赛因赤答忽也属于那些为成吉思汗服务的将军后裔的一支。

假如没有元末战乱，赛因赤答忽或许会服探马赤兵役，和平地度过一生。然而，红巾之乱的爆发彻底改变了他的生活。1351 年 5 月，刘福通（1321—1363）结识了自称"孔雀明王"、北宋徽宗八世孙的白莲教领袖韩山童（卒于 1351 年），二人在颍州起兵。韩山童不久便被元军俘虏并处刑，刘福通仍然统帅白莲教叛军，自称"红巾军"，先后攻占安徽和河南各地州县。刘福通推戴韩山童之子韩林儿（卒于1366年）为皇帝，国号"宋"。此后，红巾军攻下汴梁，进攻陕西、山东、河北。面对红巾军全面攻势，出身于沈丘县（今属安徽）乃蛮探马赤家族的察罕帖木儿（卒于1362年，即墓志铭中的"忠襄王"）组织义军，准备对抗红巾军。自己亦组织义军的赛因赤答忽，帅军归附于察罕帖木儿，多次击退红巾军。赛因赤答忽还娶了察罕帖木儿之妹佛儿，生扩廓帖木儿（卒于1375年），后来被察罕帖木儿收养。不久，察罕帖木儿成为元军主要将领之一，攻破了汴梁，导致红巾军陷于内讧。当时著名文人张翥（1287—1368）所撰的赛因赤答忽墓志铭清楚明白地记载了赛因赤答忽的一生，也简单地记录了其父祖的功绩。墓志铭列举元军的赫赫战功，使读者以为红巾军最后被元朝彻底打败。然而众所周知，事实却并非如此。元军亦同样陷于内斗，同时朱元璋在江南吞并群雄，开始北伐。1368年，明军攻克大都，元惠宗（顺帝）被迫放弃中原。察罕帖木儿被暗杀后，赛因赤答忽的两个儿子扩廓帖木儿和脱因帖木儿（卒于1388年）掌握元军统帅权，继续对抗明军。他们最后的命运为明代史料所记录。赛因赤答忽墓志铭记载了有着不同文化背景的人群之间的复杂关系，为探讨元代多元化华北社会提供了十分宝贵的线索。察罕帖木儿和赛因赤答忽出身于红巾军的初期主要策源地（汝州和颖州）。红巾军主要由汉人构成，而像察罕帖木儿和赛因赤答忽这样的当地探马赤家族则参加了元军。元代法令禁止汉人持有兵器，构成探马赤士兵的蒙古、乃蛮、巴牙兀惕、党项、乞儿吉思、畏兀等外来非汉人族群平时却可以持有兵器。他们世代联姻，形成了一个社会群体。

志文：

大元故太尉翰林承旨银青荣禄大夫知制诰
同修国史赛因赤答忽公墓志铭有序

翰林学士承旨荣禄大夫知制诰兼修国史张翥撰
中奉大夫国子祭酒陈祖仁书
集贤大学士光禄大夫滕国公张瑓篆

公讳赛因赤答忽，系出蒙古伯也台氏。其先从世祖皇帝平河南，因留光州固始县，遂定居焉。曾祖阔阔出，赠中奉大夫，陕西行省参知政事、护军，追封云中郡公。祖喜住，赠资善大夫，四川行省左丞、上护军，追封云中郡公。考伯要兀歹，赠荣禄大夫，湖广行省平章政事、柱国，追封蓟国公。曾祖妣乞咬氏，祖妣伯牙兀真，皆赠云中郡夫人。妣完者伦，赠蓟国夫人。

公喜读书，习吏事，有远略，能骑射，才力过人。至正辛卯，盗起汝颍，城邑多失守，官将奔溃，悉陷为贼墟。公乃出己赀具甲械，募丁壮，为义兵，立砦艾亭，凡出没关隘皆据之，以扼贼。贼知公备严，不敢犯。寻以忠襄王之师来从，讨定罗山，授颍息招讨千户，所弹压，阶忠显校尉。

岁乙未，大军平钧、许、汝州，升招讨副万户，阶武略将军。丙申，取孟津、巩县、温县，下荥阳、泗水、河阴，战睢亳，俘斩无算，论功升河东道宣慰副使阶武德将军。又从取陕州、平陆、夏县、卢氏、虢州、灵宝、潼关诸城，擢金河东道廉访司事，改奉政大夫，迁同知河东道宣慰司事，阶亚中大夫，升河东道廉访副使。时关陕以西，地要且塞，盗凭为巢穴。忠襄锐于克复，分诸将犄角进。公当一面，覆华州、华阴、凤翔、汧阳、陇州，遂击破南山诸贼，升河东道宣慰使，阶中奉大夫。

戊戌，贼首号“扫地王”者，突入晋冀，势猖獗，公与战冷水谷，败之，贼遁去。迁佥河南行枢密院事。汴梁陷于伪小明王韩林儿，建置百官，驻兵自固，有窥取中原意，为忠襄所破。河南平，以功升公河南行省左丞，阶资善大夫，俄升右丞，阶资德大夫，转同知枢密院事，升河南省平章政事，阶荣禄大夫。寻为翰林学士，承旨复拜太尉，仍兼承旨阶银青荣禄大夫。

乙巳正月廿九日，以疾薨于所居之正寝，春秋四十有九。配佛儿乃蛮氏，性严有法，闺门咸则。先公五年卒于洛阳，得年□十有□，赠蓟国夫人，祔葬焉。

子三人，长扩廓铁穆迩，生而敏悟，才器异常，幼多疾，忠襄以母舅氏视之如己子，遂养于家。蚤从忠襄历戎马间，事必属之，所向皆如志。忠襄薨，诏命总其师，平山东，定云朔。皇太子抚军南巡，出入护从，一清京甸，名业克茂，进为太傅、中书左丞相。

次脱因贴木尔，性温厚寡欲，见知皇上、皇太子，特授中奉大夫、渤海参政。次耐驴。幼女一人，观音奴在室。

墓在北邙之原，葬以十一月□日。嗟乎！时方多艰，

人才思自奋，乡之褐衣围带，浮沉里间，即后之锡弓建
纛，良牧守，名将帅也。由其无所试，虽韩彭绛灌亦一介
士。及既试，则风飞霆奔，抵掌顾笑，志在万里外。天欲
试之，必始仰之，而实将以为世用也。若太尉公，夫岂适
然也哉。乃系以铭曰：

堂堂皇朝统万方，孰敢不享不来王。彼妖假魔乃肆
狂，如封豕娄鸥角张。公时起义师武扬，推锋被羽勇莫
抗。西自晋陕南宋梁，往矻肱髀扼厥吭。录多陟爵烂其
光，穹隆堂封兹充臧，后其绍之亲铭章。[1]

延伸阅读：

托马斯·艾伦（Thomas T. Allen）:《蒙古时代的欧亚文化与征服》
（ *Culture and Conquest in Mongol Eurasia* ），剑桥大学出版
社，2001年。

鲁文·阿米太（Reuven Amitai）:《蒙古人、土耳其人及其他：
欧亚游牧民族和定居社会》（ *Mongols, Turks, and Others:
Eurasian Nomads and the Sedentary World* ），博睿学术出版社
（ Brill ），2004年。

---

[1] 罗火金《元代赛因赤答忽墓志考》，《文学世界》2004年第4期，第20—
21页。

彭晓燕（Michal Biran）:《异族统治时期》(Periods of Non-Han Rule), 收于宋怡明（Michael Szonyi）编,《中国史概论》(*A Companion to Chinese History*), Wiley Blackwell出版社, 2017年, 第129—142页。

饭山知保（Tomoyasu Iiyama）:《一个唐古特家庭的集体契约与仪式, 1350至今》(A Tangut Family's Community Compact and Rituals: Aspects of the Society of North China, ca.1350 to the Present),《亚洲专刊》(*Asia Major*) 第27辑, 第1期 (2014), 第99—138页。

（饭山知保）

第十六章

儒 商

程惟清（1531—1588）

明末商品经济的发展导致商人阶层的兴起和原有社
会等级之间——尤其是士人与商人之间——边界的
模糊。这种现象在富商辈出的江南徽州府最为显
著。在这篇墓志铭中，明代大文豪王世贞挥毫盛赞
的就是这样一个徽商。

导读：

自汉代以来，儒家正统便将劳心图治的士大夫列于四
民之首，而将趋利求财的商人贬低到社会最底层。所以历
朝历代士人和商人之间的高低贵贱分得很清楚。但是到了
明末（大约自十六世纪初开始），这两个阶层之间的接触
却日渐增多，而其界限也开始变得越来越模糊。在这种情

况下，士大夫们开始为商人提笔作传，从而留下了大量的商人传记资料。下面这篇墓志铭，就是由明末文坛领袖并曾在朝中身居高位的王世贞为一个"布衣"身份的徽商程惟清所作的。

士人和商人之间的关系发生如此巨大的变化，其原因有很多。其中最重要的，应该是明末经济的商品化与市场化。商品贸易在中国的经济生活中很早就出现，但是从十六世纪开始的商品化和市场化却比以往的更加深广。不仅昂贵的奢侈品，而且低价大宗的消费品如粮食、棉花、布匹等都进入长途贸易。举一个具体的例子。长江三角洲的江南地区在宋代已经是重要的产粮区，所谓"苏湖熟，天下足"之说，就是描述这一带的丰足。但是到了明末，因为大量种植经济作物（如木棉），长江三角洲地区变成了粮食输入地区，需要从长江中游地区运粮维持。而本地的经济作物及手工业产品（如棉布）则销往全国各地。

正如在同时代的西欧一样，明末中国经济的商品化和市场化为人们通过市场谋利提供了良机。很快，新兴的富裕阶层（即商人）开始出现，并且力图和旧有的精英阶层（即士人）分享诸如社会地位、体面、影响等这些象征性的资源。这个现象也和西欧诸国的经历相似。但是在明末（和清初的）中国，"新贵"和"旧家"之间互动的方式与西欧略有不同。在中国，潜在的竞争最终变成了所谓的"士商合流"：商人一般情况下多少受过一些教育，有的甚至在从商之前也曾"业儒"，所以他们经常能够结交文人士大夫，并且襄助学术，促进才艺。[1]

在明清时代，并没有真正法律意义上的世代相替的贵族。通过科举进入仕途从而跻身精英行列的攀升路径基本上向整个社会开放。这给很多人提供了机会，但也使得科举考试竞争越来越激烈。在这种大形势之下，很多家庭为了最大可能地确保其已有的社会地位或取得更高的社会地位，常常采取比较稳妥的办法，让诸兄弟子侄

---

[1] 有关"士商合流"的论述，参看余英时《中国近世宗教伦理与商人精神》，收入余氏著《士与中国文化》，上海人民出版社，1987年，第441—579页；余英时《商业文化与中国传统》(Business Culture and Chinese Traditions — Toward a Study of the Evolvement of Merchant Culture in Chinese History)，收入王庚五主编《变动香港：商业与文化》(Dynamic Hongkong: Business and Culture)，香港大学亚洲研究中心，1997年；周启荣（Kai-Wing Chow）《早期近代中国的出版、文化与权力》(Publishing, Culture, and Power in Early Modern China)，斯坦福大学出版社，2004年。对于士商合流说的质疑，参考安东篱（Antonia Finnane）《说扬州》(Speaking of Yangzhou: A Chinese City, 1550—1850)，哈佛大学亚洲中心，2004年，第264页。

中的一人或数人走科举应试的道路，其余的则走包括经商在内的"治生"之路。这样，科举的"正路"没有荒废，但是即使举业不成，也不至于生计落空；同时"治生"得来的财富也可以资助举业。所以明末以来中国社会就经常看到士人和商人同出一门的现象。明末为商人张目最为大胆，以"良贾何负鸿儒"一语著称的汪道昆，就是出自一个商人家庭。汪的祖父和父亲都是盐商。但汪道昆自己却在得中进士之后成为一个颇有建树的官员。正是在诸如此类的人物和事件中，明末经济的商业化、市场化最终导致了社会阶层界限的模糊。但是，另一方面，商人日渐积聚的财富和张扬的作风也使得士大夫中的"旧家大族"因为读书人尊严扫地、社会风气日渐浮华，以及新贵阶层品味低俗等这些问题产生很大的恐慌。

但是在社会伦理和道德观念诸问题上，明末商人的兴起对既有的秩序并未形成任何真正的挑战。儒家士大夫历来宣讲的信念和提倡的美德，比如孝道、宗族、礼数等，都被新兴的商人阶层完全接受并身体力行。对于一个商人最高的评价，就是他行事举止更像个儒者。于是便有了明末史料中随处可见的"儒商""亦贾亦儒"这样的字句。在商人传记史料中常见的一个对商人的尊称是"处士"。而"处士"一词原意是指赋闲在家未入仕的士大夫。从职业生涯的比较来看,"业儒"毫无疑问要比"业贾"更令人向往。所以在商人传记史料中,商人在万般无奈弃儒经商的时刻,总是带着失望与悔恨。这也解释了为什么史料中所见的商人总是表现出对士大夫及其品性的崇敬。

如果一个商人想用经商所得的财富作善事,那首选的善途莫过于帮助有需要的同宗,或者在一个更大的规模上致力于本族的宗族建设。由父系的同宗族人组织而成的宗族是中国明清时代最重要的社会组织。自宋代以来,在理学影响之下,宗族建设就已经是士大夫从地方入手改造社会的重要着力之处。宗族建设的伦理根基、具体实施办法,以及在现实社会中的意义等问题都在理学著述中得到系统的论述。比如理学大师朱熹,对于同宗兄弟子侄应该一起祭祖,通过共同的家礼实践感念共同的祖先并增强互相之间的凝聚力这样的思想,对于只有明确宗人之间的辈份条理才能够更好地尽行孝道敬拜祖先这样的理论,以及宗族建设"修齐"一家一族之后,可以推而至于一乡一邑乃至天下这样的理想,都有透彻的阐述。士大夫是宗族建设的肇始者，并且在整个明清时代都在这个运动中扮演了重要的领导角色。但是从明末以后，商人在这个领域中，以及其他很多传统上为士大夫独占的领域中，扮演了越来越重要的角色。

很多明末以来商人的上述特征都在出身于南直隶徽州府休宁县的程惟清的生平中有所反映。休宁和同府的歙县出了很多大商人，所谓"徽商"实际上多出自这两县。此地山限水隔，人多地少，迫使人们外出经商以开生路。而当地浓厚的宗族传统和宗族网络又为外出经商的徽人在筹资和合伙等方面提供了极为珍贵的初始资源。徽商的迅速崛起以及他们所聚集的大量财富，使得他们在明末的文献中成为令士大夫恐慌的暴富新贵的典型。但是另一方面，徽商的大量商业财富被转回原籍，在徽州本地运用于宗族建设和襄助儒学。这无疑又在很大程度上促成了士大夫文化在徽州的进一步稳固。这个略带悖论的现象，在徽州府境内随处可见的祠堂和书院中也有所体现。可以说十六、十七世纪中国"商业革命"，在其潜在的革命性以及其在当时具体的社会政治环境中遇到的局限性两方面，都可以在程惟清这样的徽商身上得到印证。

志文：

程处士惟清墓志铭

王世贞

歙俗以姓相甲乙，而程与汪最为甲。程之后无匪自忠壮公灵洗者。忠壮公居邑之黄墩，至宋宣议公居休，徙栗口，凡十余传而为为节，为节生敬音，敬音生忠烈，则处士之父也。处士讳洁，惟清其字。率口之水流而汇其里居，因自号曰练潭。父有四子，处士居叔。其伯仲皆以贾起家矣，而处士少敏，尝从其族博士先生受《易》。垂就，父欲夺之贾，曰："吾非不爱儒，第食指众，胡不佐而兄谋什一之息以宽我乎？季长或可儒也。"于是始从其兄盐淮扬间。已转子母钱于句曲中山，往返南北甫十年而贾成，其奇羡过于初数次。处士故善心计，能因俗为变，与时消息。不强力纤俭，橐无未名之物，皆与兄共之，以归于父。甘脆时进共养不倦。及父母之见背，与兄弟之无禄，则哀毁垂灭，附身附棺，必极悫诚。抚字诸孤，从受师授室，为其子先，宽仁喜施，意豁如也。内外五族少不沾润者。所解纷判疑，如响立应。族故有世祠，以不及祠支祖供义公，特建祠祠之。又大缮治宋乡贡士一德公墓，咸割其橐弗吝。族人义之，请立碑纪处士名，不许，曰："吾故不为名也。"尝扁其居堂"修齐"，谓庶人之职，知修身齐家而已。时三子皆读书有声，顾而谓曰："未竟之志，则而曹勉之。"时岁荐饥，大出囷廪，以赡窭者。家人数击鲜，辄挥去弗御，曰："吾不忍以匕箸余而当数窭人命。"处士素强无疾，中年所经悼亡抚存非一，以是寖削损得疾，至革行视绖绤衾冒之具过饬，正色而语："三子汰哉，尔不闻曾子之训乎，尔之大王父不能得之于尔王父，王父不能得之于我兄弟，而我乃独安之也。"客有进曰："礼不云乎，有其时，有其财，此君之子责也。"处士微颔之而已。三子哭请遗言，处士曰："孝友勤俭铭诸心可也。"语毕而绝。时万历之戊子十二月也，距其生嘉靖辛卯，春秋五十有八。配项，有妇德。三子皆太学生。元正，妇黄，继吴。元衡，妇戴。元仁，聘吴。孙男三人，女一人。其状自京兆司谕吴瑞榖。瑞榖信而文，与余善。而来乞辞者元正，又彬彬质文人也。故为志而铭之。铭曰：

称处士者何，行士也。士而隐于贾。胡贾例也，太史公云，身有处士之谊而取给焉。噫嘻，宁末富之为累。[1]

延伸阅读：

安东篱（Antonia Finnane）:《说扬州，1550—1850》(*Speaking of Yangzhou: A Chinese City, 1550—1850*)，哈佛大学亚洲中心，2004年。此书中译版，李霞译，李恭忠校，中华书局，2007年。

杜勇涛（Du Yongtao）:《地域间的徽商：明清中国的乡土联结与空间秩序》(*The Order of Places: Translocal Practices of the Huizhou Merchants in Late Imperial China*)，博睿学术出版社（Brill），2015年。

郭琦涛（Guo Qitao）:《祭祀戏剧与商化宗族：明清徽州大众文化的儒家转化》(*Ritual Opera and Mercantile Lineage: The Confucian Transformation of Popular Culture in Late Imperial Huizhou*)，斯坦福大学出版社，2005年。

陆冬远（Richard J. Lufrano）:《商人之尊：明清时期的商业与修身》(*Honorable Merchants: Commerce and Self-Cultivation in Late Imperial China*)，夏威夷大学出版社，1997年。

（杜勇涛）

---

[1]（明）王世贞《弇州山人四部稿续稿》卷122。

第十七章

从明朝将军到地方军阀

毛文龙（1579—1629）

这篇墓碑刻文提供了明清王朝交替初期的一份亲密
的个人快照。位于东北亚边陲地带一名军官的仕途
揭示了明朝政治与军事体系在朝代最后的几十年里
既刻板又同时具有灵活性。

导读：

明朝的军事体系最初是依靠卫所的编制制度。专门的
军户轮流提供士兵，并通过国家分配的农田来供应他们的
需求。卫所体系负责监督及训练他们以维持军队一贯的水
平。然而，到了十七世纪初，随着军事事务越来越受到文
官的严格监管，该体系开始破裂。在这种氛围下，士兵遭
到社会鄙视。即使高级将领也不得不向傲慢的文官屈膝，

忍受他们的辱骂。由于备受耻辱和士气低落，许多世袭的军户士兵选择逃离他们专属的定居地或设计把他们的财产从官方名册中删除。

就在传统军事结构崩坍之际，明朝经历了一场军事变革，其中包括了进口并匹配欧洲火枪、大炮和防御工程，以及开发新的战斗编队与攻城战术。新的战斗模式大大增加了成本，提高了致命率和战事组织要求。由于缺乏动力与手段来维持一支常规军队，朝廷选择授权战场将领以自己的资源临时招募及装备部队作为权宜之计。这项措施让明朝在铲除东南沿岸海盗以及1592年抵制日本入侵朝鲜时取得重大成就。然而，许多部队后来变成了完全成熟的私人武装，而他们的将领成为了半自治的军阀。

以下碑文中的主角毛文龙（1579—1629）的职业生涯反映了明朝统治末期军事化与私有化步伐的加速。十七世纪的前几十年，本来蓬勃发展的商业经济出现了严重的危机，货币通缩、饥荒与粮食短缺阻碍了朝廷的有效管治。结果，农民起义席卷全国。与此同时，在东北，女真族在野心勃勃的酋长努尔哈赤（1559—1626，1616—1626年在位）统治下团结起来。他们很快便发展为强大的力量，征服蒙古部落，并占领了明朝的前进基地及关外汉族聚居最密集的辽东大部分地区。长城与渤海的交汇处山海关是分隔这个东北及华北腹地，包括北京在内的，最后一道重要防御屏障。1635年后被称为满族的女真人，于1644年占领了北京，并将此地确立为他们新建王朝的京城所在地。

在内忧外患的威胁及严峻财政状况的压力下，明朝诉诸于久经考验的权宜之计，授权将领自己增兵。这种做法，反过来提供了在科举——中国传统的晋升途径——以外前所未有的社会流动性。正如毛文龙的墓志铭所揭示，年幼时已成孤儿的他厌恶了以学习儒家经典为途径的科举之路，以赌博消磨时间。他真正热衷的是军事战略与闯荡边疆。在辽东巡抚的支持下，毛文龙得以招募自己的部队，并在朝鲜沿海的黄海皮岛上建立了一个基地。在1621年到1629年之间，他的私人武装东江军镇作为一个实际上独立的力量控制了东北周边的水域。

毛文龙的霸权在短期内成功制止甚至扭转了女真族的扩张。他更成功地令努尔哈赤部队中的一些人变节，包括一位非常著名的将领刘爱塔（刘兴祚，？—1630），刘爱塔到最后仍对毛文龙保持忠诚。毛文龙驻军的成功在很大程度上归功于其理想的地理位置。东北与朝鲜之间松懈的海洋边界为他的部队提供了获取必要补给和供应的战略命

都督　毛文龍　再釋
前差官執書和事原講
我一擔承煩事事都
上彼此罷兵共享太
心甚喜已差人送可可少

禄田
汗王之話大事已定誰料後
天差來踏上戶部之船舫
督餉戶部竟自誤
三名人一齊解京不
把我大事幾乎壞了若是我
不去救田可可牛禄有只不能
分辯
汗王也不信我說話了一點好
心友做不信不義之事

內海

沖

慶訴我想要與
汗王一路上做少大事又被此一
當所疑莫非天數也
汗王東志西奔南來北性何曾
做淂一件真正大事皆不知其
法不知其寔也哉與
汗王共議國家大事言
福留名萬古不知
汗王肯信我否如若聽信我說可
令人來脂脂商議並無憑言
若是映誘哄四五名人做淂
何事彼此無疑英雄心
人不同则大事可成那吐
心不盡

毛文龙致金国汗书

脉。朝鲜王朝（1392—1910）一直与明朝保持密切的朝贡关系，并以共同的宋明儒家理想为基础建立了类似的政治体制。随着中国军队在1592年协助朝鲜抵抗日本的入侵，这些连系越加紧密。1623年朝鲜朝廷内坚决拥护明朝派系的掌权促使朝廷对女真族采取敌对的政策。因此，朝鲜人与毛文龙积极合作，并为他提供慷慨的粮食与物资援助。毛文龙的另一个收入来源是从他所参与的连接中国沿海与日本和东南亚的强大东亚贸易网络中获得的丰厚利润。一组类似的因素促成了明朝其他动荡边疆一带军阀主义的崛起，其中最突出的是福建沿海从海盗转为海商及明朝将领的郑芝龙。

毛文龙与郑芝龙等人的出现揭示了明朝制度的刻板兼灵活性。朝廷有能力利用甚至指挥半自治军阀对朝廷的忠诚以实现迫切的目标，例如打击海盗或驱逐满族，这些是朝廷无法以自己的资源应付的。然而，这种安排加剧了与明朝悠久的文官控制军事事务的激烈冲突。一旦像毛文龙这类人变得足够强大，朝廷对内部颠覆的恐惧将等同甚至超越对外来威胁的担忧。

1626年，在毛文龙与朝廷所委任负责率领辽东所有明朝正规军的袁崇焕（1584—1630）直接对峙后，这个内在矛盾为东江军镇及其将领招致厄运。那年，袁崇焕在宁远对决努尔哈赤的战役中取得决定性的胜利，这是女真领袖第一个也是唯一的重大战败。几个月后，努尔哈赤也因这场战役中所造成的伤势而丧生。根据墓志铭，正是这场胜战令袁崇焕变得傲慢，并对自己通过努力重夺辽东的能力过于自信。他对毛文龙充满嫉妒，认为毛文龙是阻碍他获得荣耀的竞争对手。然而，墓志铭声称毛文龙在阻止女真族集中军力对付袁崇焕的军队中扮演着关键的角色。可是袁崇焕没有与毛文龙合作，反而是在朝廷的全力支持下，命令把东江军镇的规模从鼎盛时期的几十万士兵大幅削减至二万八千人。他更严格限制了毛文龙所控制的岛屿的供应和物资流动。最后，在1629年，他亲身拜访毛文龙并用部队包围他的驻军。袁崇焕随后把毛文龙当场处决。在没有像毛文龙那样强大而具整合能力的将领的情况下，驻军很快便解散了。他的很多前部属，如孔有德（约1602—1652）和尚可喜（1604—1676），都归降后金。他们后来在清初的占领与巩固关内方面发挥了重要的作用。

讽刺的是，袁崇焕很快便面临类似的命运。1629年，努尔哈赤的儿子及继承人皇太极（1592—1643，1626—

1643年在位）率领后金部队突袭北京。尽管袁崇焕的军队击退了女真族，他处理战事的方法遭到严厉批评，有些朝廷官员及宦官更指控他与敌人勾结。一年后，刚登基不久的崇祯皇帝（1611—1644，1627—1644年在位）下令把袁崇焕凌迟处死。袁崇焕的灭亡特别具讽刺意味，因为他和毛文龙一样也是明朝文官与武官之间越加互相猜疑的受害者。

明朝在1644年农民起义中灭亡。此时，皇太极给他的女真人起了一个新的族名为满族，并自封为清朝皇帝。虽然他于1643年逝世，他所建立的牢固的机构和官僚制度为满族利用当时的混乱局面占领中原奠定了基础。在许多方面，以下的墓志铭提供了明清王朝过渡初期的一份亲密的个人快照。

毛文龙的墓志铭在明清两代是很典型的，这些碑文主要旨在根据儒家理想的榜样来描述及赞美逝者。就毛文龙来说，碑文把他描绘成受冤屈的忠臣。墓志铭通常是邀请具有声望但不是亲身认识逝者的杰出文人来撰写。毛文龙墓志铭的作者毛奇龄（1623—1716，他亦是本书第二十章所收作品的作者）是一名诗人、作家及艺术家。他来自毛文龙的故乡杭州并与毛文龙同姓。最初，他加入了反清

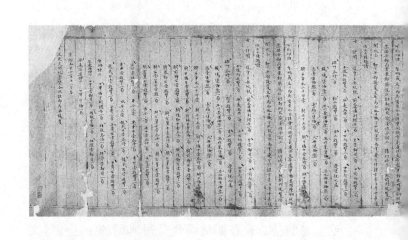

崇祯元年（1628）袁崇焕奏请更定关
外营堡将领额数事科抄题本

复明行列，可是当反抗在十七世纪六十年代大致上被镇压后，他在清廷的翰林院担任学士，并参与撰写《明史》的初稿。毛奇龄写的悼文对政治局势非常敏感，尤其是他需要美化当时作为明朝敌人的女真，也就是统治中国的清朝的祖先。毛奇龄小心翼翼地避免对女真族的负面描述，而以于所叙述的事情发生后多年（1636年）才出现的朝号"大清"来称呼他们。

志文：

毛总戎墓志铭

毛奇龄

将军以冤死，其子承禄已不免。当是时，藁木仓皇，未能叙衣冠而封之也。大清兴，其旧时将吏有建开国勋者。定南王孔君分藩广西，道经钱塘，觅将军子不得。其故屋三间，已易姓，孔君流涕去。既而他将吏以从龙功受封，由浙之岭表，有故校知将军子所，迹至，厚赠之，亲诣将军栗号而祭，以其殡宫飘于海未葬，深自责。乃谋于定南王孔君，合葬将军衣冠于灵峰庄，树以碣。而以予同出姬氏，属为文。

予惟将军事在胜代所闻异词，其事往往与本朝抗颜行，劣迹不足道，况大清实录尚未颁，其事不定，何敢预有述。第古人有史传，有家传。家传与史传龃龉，所从来久。且士庶有行，皆许琢石纪平生，将军赍志没，不为表章，即直道安在？因据其当时所传行状摭为文，宁损无益，以略存不白之意，然受冤根株所宜著也。

按状，将军姓毛，讳文龙，字振南，钱塘人也。少孤，随其母养舅氏沈光祚家。光祚中万历乙未进士，官山东布政使司。将军幼从学，授经生业，厌之，思弃去。客有讲孙吴兵法者，求其书谛视，忽心开，光祚奇之。光祚官山东，将军负博，进隐于署，无赖，闻边事日棘，尝密走关宁，觇其山川形势，拊髀咨嗟，然卒无可如何。辽东巡抚王化贞者，山东人也。与光祚善，将行，就光祚请教。光祚曰："主臣光祚经生，未尝习兵事，何敢妄有言。独光祚有姊子毛文龙，奇才也，慷慨多大略，且究心时事久矣！试与之一旅，必能为国效力，成功名。若但随诸校籍麾下，文龙必不能奋著所长也。"化贞许诺，乃檄将军之门，择日选十人起标，宴于堂，各授都司职，而将军为之首。临出鼓吹，簪以花，亲易其所衣，拱揖上马。将军感泣叩头，断所易革带誓曰："所不矢死以报国者，有如此带。"

先是辽东陷，大清兵一日破百屯，自花岭、秀老婆、许毛子、谙山城以及王大人、石庙儿、芦尖、瓦沟诸寨迎刃而下，傍檩山东矿兵及九连大姓之抗命者。独抄花为外樊，不即破，然告急日再，至相传欲袭黄泥洼直捣广宁以临京师，自通蓟至山海阨塞皆戒严。于是有为批根之计者，谓当习戈船，据岛浮洋溯鸭绿以指黄江，进足窥敌，次亦牵制之，以邀返顾，冀不即前。兵科明时举、长芦同知丘云肇，皆前后上书，而化贞力持其说。

因遣将军入登莱，潜匿海岛，拜练兵游击将军，使便宜行事。将军乃周视四隩，结水营，招其壮勇，而佐以援辽水军，夜入连云岛。连云岛者，盖州所属岛也。盖、海、金、复共四州，以为四大冲，皆辽重地。而大清所署盖州游击杨干渭，复州游击单进忠皆辽人，将军急通以蜡书，使为应，乃得下连云据之，而进袭猪岛。时海风大发，不能行。有民船漂猪岛，船户李景先，为鹿岛民，避难，知鹿岛虚实。将军急率之袭鹿岛，戍岛官胡可宾，而其旁给店、石城诸岛皆以次入，生得岛兵拨塘船、辽船、定波船，渡辽人愿归者万余人安海中，而自统兵搜戮镇江上下诸官军。

时大清兵强盛，所向无敌。蓟辽总督薛国用有云："明无一胜，大清无一负。"独将军受事后，称稍稍敢仰视。然地偏人少，终非其敌。大清师既切齿，思复镇江，而将军以兵单弱，请发他兵策应之，不许。乃乞兵高丽，久之，不即答。其参将驻各岛者，又不敢离寸步。兵科给事中蔡思充、张鹤鸣以毛弁孤军当援，不纳。

将军度势劣，未能进取，徒守镇江城无益，乃大辟皮岛，当时所谓东江者，招集勇壮，并避难民来归，合数十万人。东接高丽，限以云从岛，南出诸岛以百数，最大者如猪岛、獐子、大小长山等，与登州相属，阨塞皆以兵据之。西北之陆才四十里，距今奉天三百而隃。将军遣游骑四望，俟大清兵小至，可犯则犯之，不可犯则乘岛。大清兵习流鲜，戈船不继，未遑卒乱海而与之战也。近塞动静稍稍见，则曰毋西，西入而俘矣。以故大清兵且郑重为牵制之局，局成，大清兵复镇江，将军却不敢敌。熊廷弼闻之大快，谓其言验。然而将军虽牵制，仍厚图进取，以邀于成。

而关宁诸大臣，见大清兵不即前，忌牵制之劳，疑大清师本易与，无他长，纷纷讲东事，反谓毛帅跋扈不受节制，将有患。又年饥，国帑不给，岛兵多糜帑。于是分关宁、东江为两局。而欲诎东江者，动云糜帑，裁其兵，久之，即谓其帅亦可裁而。于是恶之者，不至去毛帅不止。而不知八年之关宁，亦即八年之东江，以得有是也。

初诸岛无兵，大清兵久视四卫为不足虑。暨将军以重兵窥其东，则旅顺固南卫门户，而金州则又统四卫以逼旅顺者。于是发兵戮金州，以绝其路。而卧榻鼾睡，势应剿除。尝夜寒岛冰，大清兵思夜渡袭之，谋颇秘。将军侦得之，则豫斫冰，冰解复合，然脆薄，人不知也。天夜雨雪，雪大集，大清兵从雪上观，一麾而渡，渡及半，岛上兵击鼓钲呼噪，人马蹂踏，多半陷入海，自后相语勿渡岛。

会庄烈帝即位，军需匮，有议减岛兵者。前此天启末，尝遣词臣姜曰广、科臣王梦尹诣岛点阅检，减报一十余万。其所缺饷，将军每开洋通市货，以补不给，然所存犹十余万也。至是道臣王廷试受阁臣指，勒令留二万八千，而尽裁其余。兵哗，岛中人汹汹相聚而哭，渐有揭竿以前者。将军斩二将，稍止，然往往解散降丁，流民相继渡海去，岛中嚣然。

时将军已授总兵官，挂将军印，赐剑，得专杀，然终不能止，上疏又不纳。而督师袁崇焕复欲以二万八千之饷，扣之往年之浮领者，且复定制，自今以后凡东江兵粮器仗皆从关门起运，至觉花岛登舟，由旅顺以达东江。而津运粮料亦当由靖海达觉花岛，非督师衙门挂号不出门。

将军尝疏曰："夫转运有纤捷，自登州至旅顺捷而易，由关门至旅顺纤而难，夫人而知之也。在督臣之意，不过欲臣受其节制，而不知其势有不可者，臣只以风候言之，自登州至旅顺止西南风半日，可以早到。然有时犹以为迟，何则？人早食暮饥，不能待也。若从关门达，则必得正西风二日，始从牛头河至长山，又得西南风半日，至觉花岛。又得西北风一日夜，至北汛口。又得正西风半日，至南汛口。又得西北风一日，至塔连岛。又得正南风半日，始至旅顺。夫舟附水行，不能越岸而直达，又不能使风之朝东而暮必西。是一岁无几运，而欲以朝食暮饥之人，而使之待之，是杀之也。且津运达旅顺为道本纤，以故往年所运十止六七，余报以漂没。然而臣知之，不得不以实收与之。以其运颇艰，若再苛之，是阻其将来之运也。如必从觉花岛，且必从宁远挂号，则路愈远，漫没愈多，将来津运总乌有矣。"

前此阁臣钱锡龙恶将军，每过崇焕寓，屏左右密语。龙锡曰："谁能除江东者。"崇焕曰："我能之。"时崇焕为宁蓟道，至是进督师，思其言，且深恶其无礼。尝曰："咄！安有此。"

明俗轻武人，乡有习武者，目为兵，不齿于所亲。武人虽都督长五府，出见一县令，必厚礼币。县令倨视之，当答拜，遣胥吏持刺去，弗亲往。及见兵部，毋论堂上官，但司郎以下，必披执跪，退则行两膝蛇却，自称曰："苟有所索，必应。"一旦有事，非五府官不领兵，领兵必文臣监之，只一推官监其军，必日伺监军门取进止。曰"毋动"，虽百万兵不敢动。以故兵政弛，自禁军及边军、卫军，无一能自立者。

将军独桀骜，所至不屈，即本兵督部，亦不屑屑受节制。举朝相惊，以为三百年成事，一旦坏，何故？会崇焕门客周锡圭、王资治者，将归里，自请观东江形势以行，意谓督师客，必厚赂。至则设酒醴长享，无牲，具献不过爵帛。大恚憾，告崇焕以无礼渺督师，密语一昼夜去。当是时，崇焕自恃有将才，可以取胜。而大清师以从容不即专所向，遂予崇焕以小逞。崇焕妄自信，谓东事可任，是必除东江而东事成，如治疽然，预施针石，而后济之以汤醴。其不知者，妄疑汤醴有济也，去而针石，而于是疽发，而不可救矣。

刘爱塔者，辽东人也，年十二为大清师所得，及长骁悍，偕其弟兴治、兴贤皆在军。大清太祖器之，赐名爱塔，爱塔犹言爱他也。时爱塔为都督，守金州，将军计通之，复州都督王丙廉其反，上变，几不免。有救之者，谓丙有私怨，诬爱塔，竟论杀丙，置爱塔不问。爱塔乃使其弟投东江，而自取他尸衣己衣，烧其面，乘夜走盖州，统其所部四百人、马四百匹，取道至旅顺。将军迎至岛，随相机导之，从盖州登岸，杀二千人，因题授爱塔昭勇将军。崇焕乃大恚，以为爱塔来归，不先之军门，为东江所得。每遣人邀爱塔，不至，向将军索之，亦不与。门客周锡圭亲见爱塔于岛中，啖以爵，终不之答。

会大清太祖皇帝幸温泉，爱塔知之，语将军设伏，至即发，去，不敢犯。及太祖皇帝大行，崇焕遣番僧往吊。而将军以爱塔言上状，至是与爱塔画复辽东之策，谋劫五岭。崇焕忌且妒，乃于崇祯二年五月，疏请亲诣东江商进取事，令文龙与爱塔偕。会留剑印宁前，而崇焕复请携剑印行，疏称："臣门下士周锡圭谓皇上赫濯，必当令东江将士重振威仪，一切机宜俱委赵率教、祖大寿等摄之。"乃请饷十万，携之给东江兵。因选将士之骁者二百人登舟，由旅顺入至双岛。

旅顺游击毛永义率兵迎之。崇焕乃登岛谒龙王庙，呼永义等谕之曰："国初开平、中山水陆俱用，故能攻采石，战鄱阳。而其既也，日纵横沙漠而不之却。今吾亦欲使东江将士悉用之宁前何如？"众或唯或否。崇焕取否者将殉，而复释之，谓之曰："故事督师言无龃龉理，尔曹不知法度久矣！此所以教也。"众唯唯。既而将军至，拜，崇焕亦答拜。崇焕亲出报将军帐中，就将军借行帐，张岛间开筵，召将军饮，间语进取事，曰："此事视我两人耳，然必同心共力，今我来欲观东江形势，然亦以尔我间阔，所不惮屈身就将军，固将与将军成大功也。"将军流涕曰："文龙住海外八年矣，虽小有所减，马匹、器仗日不给，恐枵腹徒手不能有济，如之何？"崇焕曰："嗣后饷日至，无忧饥也。"当是时，崇焕礼甚恭，词色和易，逮夜多密语，击铜釜二下方出。

既而将军设飨具东江将士，暨降丁来谒，俱有赏。及饮，苍头伺酒者带刀立，崇焕叱使退。酒酣乃谘以四事：一、移镇；二、定营制；三、设道厅，稽兵马糗粮；四、分旅顺东、西节制，旅顺东行总兵官印信，旅顺西行督师印信。将军俱未应。崇焕乃出饷十万犒东江将官。当夕，传宁前副将汪翥与语，夜分出。

诘旦校射，语将军曰："吾将归宁前，国家海外重寄在将军，将军受予拜。"临拜，副将汪翥与参将谢尚政，密传督师兵四环，而截东江随行官在环内，苍头出环外，不得近。崇焕乃顾随行官询何姓？曰："姓毛氏。"崇焕曰："安有诸官一姓者，此非法也。"遂呼之来前曰："尔等皆人杰，为国效力久矣，即非毛姓，国家岂忘汝报者。今汝在海外劳苦倍，而其所食俸减于宁前，吾痛之。吾将疏请增汝饷，今无以酬汝等，汝等受我拜。"众亦拜。

崇焕即大坐，数将军罪，仍以前四事为词，并无他。且厉声曰："夜郎自大久矣，吾杀汝后，若不能复辽以谢汝者，吾他日亦齿以剑。"乃顾诸随行官曰："此秘旨也，不及汝，无怖。"遂请尚方斩将军，将军无一言。

既而苍头汹汹起，顾督师威严，且疑为秘旨，不敢前。崇焕乃哭奠，破马栈为腹棺，殓之。而以东江事属刘兴祚。兴祚泣不受。乃分为四协，而兴祚当一协，将军子承禄当一协，其二则旗鼓徐敷奏、其副将陈继胜当之。兴祚者，爱塔名也。时六月五日。既而东江将士皆聚哭，欲追杀崇焕，将军子承禄固阻之。是夕见大星坠海中，有光声如雷，迟久乃止。各叹曰："将军亡矣，天意也。"各散去，孔有德、尚可喜、耿仲明辈皆归降本朝。其后从龙封异姓王，名三王。独爱塔呼曰："吾乌往矣。"率兄弟逃他岛。嗣此不补帅，不立军营，弃诸岛海中，而东江遂亡。

将军为人美须髯，面有瘢，而黑色黡面，虎步，长裁五尺九寸。家贫不事生人产。其在岛中，日市高丽、暹罗、日本诸货物以充军资，月十万计，尽以给军赡宾客。死之日，室无赢财。

当爱塔之逃，拜将军哭曰："必不使崇焕独存，以负将军。"既而帝竟磔崇焕。爱塔曰："吾志毕矣！"时阁臣孙承宗继崇焕守关，得爱塔喜甚，拊其背曰："子义士，必能成功名以报国。"解腰带赐之。爱塔屯永平，道臣郑国昌徙之，屯建昌。爱塔遇大清兵于帽头儿，令诸将施三伏，自选八百，夜挑战，暗去明徽帜，拥大清帜，熟其语言营号，昏黑莫能辨，相击破一军，得数百级。迟明复出两灰口，值大骑转战，伏不起，爱塔中流矢死。兴贤降，兴治复归岛。岛将疑兴贤降，今兴治来必有变，兴治怒，攻杀岛将二十人，为岛兵所杀。将军子承斗，更名珏，孙有韩。铭曰：

将军死以冤，而其事竟白如旦日。虽然，将军之志尚郁郁。载石先最其绩，伫寿其传，何尤焉。迄于今，将军之衣冠已不可问矣，而犹得志其阡。[1]

---

[1]（清）毛承斗等辑，贾乃谦点校《东江疏揭塘报节抄（外二种）》，浙江古籍出版社，1986年，第213—220页。

延伸阅读：

欧阳泰（Tonio Andrade）:《火药时代：世界史视野中的中国、军事革新与西方的兴起》（*The Gunpowder Age: China, Military Innovation, and the Rise of the West in World History*），普林斯顿大学出版社，2016年。此书中译版，陈荣彬译，台湾时报文化出版社，2017年。

司徒琳（Lynn Struve）:《南明史：1644—1662》（*The Southern Ming: 1644—1662*），耶鲁大学出版社，1984年。此书中译版，李荣庆等译，严寿澂校订，上海人民出版社，2017年。

石康（Kenneth M. Swope）:《明朝在军事上的崩溃，1618—1644》（*The Military Collapse of China's Ming Dynasty, 1618—1644*），劳特利奇出版社（Routledge），2014年。

魏斐德（Frederic Wakeman Jr.）:《洪业：清朝开国史》（*The Great Enterprise: The Manchu Reconstruction of Imperial Order in Seventeenth-Century China*），加利福尼亚大学出版社，1985年。此书中译版，陈苏镇、薄小莹译，江苏人民出版社，1992年。

郑扬文（Zheng Yangwen）:《海上中国：海上世界如何塑造了现代中国》（*China on the Sea: How the Maritime World Shaped Modern China*），博睿学术出版社（Brill），2011年。

（杭　行）

第十八章

弟弟追怀姐姐

钱　还（1600—1668）

通过对其亡姊生活细节的追忆，钱澄之让墓志铭的读者有机会了解到了墓主生前个性的许多层面。同时也显露出作者自己对其亡姊特有的深情，并揭示了母家在一个已婚女子生活中的重要意义以及一位母亲对自己已出嫁了的掌上明珠的溺爱。

导读：

　　钱澄之（1612—1693）是清初著名的遗民诗人和学者。他为多位家人写有碑传文，其中包括他为其亡妻撰写的《先妻方氏行略》，明清鼎革大乱之际，她"知不免……抱女赴水死"。《明史·列女传》收有其小传。

在传统中国这样一个男权社会中，一个男人与其姐妹的关系经常会经历两次重大变故。第一次是女子的出嫁，她离开自己的本家而嫁进其夫家，成了别人家里的人。若她比兄弟去世得早，那第二次变故便是永别。在她出嫁时，她的兄弟已经"失去"过她一次，而现在他又要第二次失去她，并且是永远地失去——这就是为什么有些文人为他们姐妹撰写的碑传文会特别富有深情。这些墓志铭同时还会披露已婚女子在婚后与其母家往往仍然保持密切关系的种种详情。而这类信息因为其他传统文献中少有提及，而显得更为珍贵。钱澄之为其亡姊撰写的《方氏姊墓志铭》，流露出了浓厚的姐弟之情，同时也展示了当时对一个已出嫁妇女来说母家有多么重要。这篇不可多得的碑传文使得我们觉得有必要对墓志铭都是歌功颂德的程序化文章这种一概而论的评判作出一个重新的思考。

受他人之托撰写墓志铭的文人大多数不认识墓主本人，所以要依靠墓主的亲朋好友所提供的行状等第一手资料来写。而与墓志铭相比，行状（有时也称作"事略"或"述略"等等）的格式没那么正式严格，而更具个人化特征。行状一般是为墓志铭或传记的撰写而准备的"资料"，所以它特有的"未完成性"使行状的作者在取材上的限制也要少一些。但如果墓志铭作者与墓主本人很熟悉，他会有可能把墓志铭写得更像行状，因为他现在主要依靠的是他自己对墓主的直接追忆，而不是被动地凭借第三者的回忆和记录，他的书写会更容易为他自己对墓主的感情所左右。在这种情况下，墓志铭与行状的区别会变得比较模糊。这类情况在一个文人为他自己的女眷属撰写墓志铭时尤其容易发生。他更有可能凭借自己的记忆去记录她们日常生活的琐碎小事，从而让人读起来更为言之有物，因为一般妇女在当时的社会里很少像男性那样有公共生活可言。若墓志铭是为自己的姐妹而写，那作者又会少了一层顾忌，因为这不像为自己母亲写墓志铭，作为孝顺儿子的他要毕恭毕敬而且有为之歌功颂德的压力，也不像为自己亡妻写墓志铭，作者常常会为避嫌而苦恼。

钱澄之的《方氏姊墓志铭》之所以与众不同，恰恰是因为他把他姐姐写成一位极为平凡的女子。因为他没有要把她写成一个大德大贤的命妇的压力，钱澄之反倒更放手写亡姊的种种平凡之处。这篇墓志铭有时读起来更有个人回忆录的感觉，而个人的回忆文作为一种文体也正是在明末清初才开始出现的（譬如冒襄的《影梅庵忆语》）。在钱澄之这篇"追忆"文中，一般碑传各种文体（如墓志铭、行状和传记）之间的界限似乎已经不是那么明显了。

这篇墓志铭颇长的篇幅也体现出作者关于这位看似平淡无奇的亡姊有多么多的话要说。他是将她作为自己非常亲近的姐姐来怀念的，她既不是传统妇女碑文中的节妇，也不是明清文人传记中津津乐道的烈女，她只是一个平平凡凡的家庭主妇而已。在他母亲亲生的六个孩子中，他姐姐是唯一的女儿，这也许就是他们的母亲对这个女儿钟爱有加的原因。不幸的是，她的丈夫虽然孩提时候颇为聪颖，后来科举却一直很不顺利，考了十次还是没中举，并于四十七岁那年郁郁而终。钱澄之虽然在文中没直截了当埋怨他亡姊一生的辛劳是夫家或者姐夫造成的，但读者还是能感觉到作者在字里行间将她的不幸与她丈夫事业的不顺间接联系起来了。时值明清鼎革，兵火四起，她夫家的房子毁于火，整个家庭也很快就衰败下来了。而他们的母亲的逝世，使姐姐的境况变得更为窘迫。这是因为据钱澄之回忆，在母亲还活着的时候，母亲经常会接济已出嫁的姐姐。若姐姐不喜欢哪一个女仆，母亲马上会挑一个自己信得过的给她送过去。结果侍候他姐姐的婢女人数要比侍候他们几个兄弟的婢女加起来的人数还要多。但母亲逝世不久，姐姐的佣人不是死了就是出走了。照钱澄之的说法，他姐姐对佣人"少恩"，暗示她没有善待下人。有非常疼爱的母亲在，姐姐的日子过得还是相对轻松的。但一旦母亲辞世，没了母家的大力接济，面对突如其来的困境，姐姐一时很难适应。

在这一点上，钱澄之所塑造的亡姊形象与他为追忆母亲而撰写的行状《先母庞安人行略》中的先母形象形成了有趣的对比。他们母亲是一位治家严谨而做事颇有效率的主妇。但在《方氏姊墓志铭》里，作者提到母亲宠爱姐姐之举是要强调后者在母家的地位。而这同时也使得他们母亲的形象更为复杂化了。母亲过去的呵护似乎使姐姐现在要花更长的时间来学会独立治家的本领。在《先母庞安人行略》一文中，钱澄之详细地描述了母亲如何善待下人同时又非常有效地监管他们，相形之下就更凸显了姐姐在这方面的无能。确实，与他对母亲的回忆相比，在追忆亡姊的缺点时，钱澄之要坦率得多了。在《先母庞安人行略》一文中，出于一个儿子的孝敬之心，他要彰显的是她作为一个模范母亲的嘉言懿行。这种差异揭示了一个文人在为不同女性亲属撰写碑传文时要视不同的身份而采取不同的书写策略。

当然，作者不是有意要贬低亡姊的形象，他只是按自己的回忆如实写来。实际上，《方氏姊墓志铭》充满了他作为弟弟对姐姐的眷恋和深情。在他的童年岁月中，比他大许多岁的姐姐在他的生活中更是担当了一个慈母的角色，虽然他当时年纪还很小（她十六岁出嫁时他才四岁），对姐姐的记忆并不是很多。正如他在这篇墓志铭的铭文中所说，他之所以撰写此文，是要让后辈们一直记住他有这样一个同胞姐姐（"百世而下，知为同产"）。

令人饶有兴味的是，与他为其烈女亡妻所写的行状相比，这篇为亡姊撰写的墓志铭反倒使人觉得更有亲切感。部分原因是在追忆亡妻时，他首先是作为一位大公无私的史家为一位大贤大德的烈女在撰写碑传文，其目的是使这位烈女的事迹能最终载入正史。与之相反，当他决定用写墓志铭的方式来追忆亡姊时，他只是在纪念一位很平凡的同胞姐姐而已，纯属个人记忆，与是否载入正史无关。

志文：

方氏姊墓志铭

钱澄之

吾有四兄一姊，暨予凡六人，同出于母龙安人。姊行三，叔子幼安以下皆弟也。姊年十六，归于方。是年，姊夫伯颖新补邑诸生。初，伯颖幼时，府君奇爱之，先有姊名婉，许字焉而殇，府君哭以诗，甚哀，已而姊生，喜曰："是前女转世也。"因名之曰还，复以字之，故姊夫长于姊者五岁。母安人钟爱姊，罄家所有为奁。既归方氏，有需毕给，所居相去二十里，一苍头专司日馈送之役，府君不靳。

伯颖有时誉，既十试乡闱，不得志，值母安人殁，供馈以乏，家益贫。又遭流寇之乱，毁其居，流寓池阳，遂郁郁忧愤，染疾以死，死时年四十七。是时，先府君见背，予移家白门，其为姊经纪丧事以还里者，则吾兄幼安与若士。若士亦以女字姊第五子，故姊尤藉赖焉。已，予自白门罹党祸，避地三吴，转徙闽粤者计十七年始归。

归往省姊，姊年才五十余，发未全白，衰羸焦劳，酷似母老时，而憔悴过之。语云："子多母苦。"姊与吾母皆以多子苦，而姊所遭复大不如吾母，故宜其早衰矣。比为赋诗一首而去。诗甚悲，姊每令诵之，即悲不自胜。

姊长予十二岁，予幼时多病，姊辄抱持而哭，昼夜不去诸怀。嫁时，予懵不记，犹记归宁日，下车入门，僮僮祁祁，佩声玱然，母望之，且喜且泣也。

素性下急，事姑特婉。姑阮孺人遇诸妇严，每晨省不令去，即终日侍，无忤色。姊既有子妇矣，时率以见阮孺人，顾令孙妇坐，而姊侍如故，人或以过其姑，辄讳曰无之，亦终无怨叹声。视诸姒犹同产，门以内雍雍如也。

乡俗嫂不避叔，伯颖有仲弟仲肤，小其兄二岁，姊见辄避之。人曰："叔也。"曰："虽叔，年长于予，固当避。"其谨于礼法如此。

初，母安人在时，姊家日用，随取随给，习之以为固。有媵婢数人，或不如姊意，母益择善者往，用是，姊所有媵婢且数倍予兄弟。母殁，姊驭下少恩，不数年，僮婢死亡略尽，晚年，亲自操作，良苦，向予哭曰："天乎！予乃遂一至此乎？"又云："予往时不省，世间服用饮食一切至琐屑之物，需钱买也。"

然姊能甘淡泊、善操特，卒瘠拮据，为诸甥次第完婚。诸甥无田，皆以笔耕求食于外，子妇事姊不能如姊事其姑。幼安时有所闻，欲往以妇道责之，姊知其意，即迎谓幼安，述诸妇近日将顺之善，使一言不得发而回。于诸子姑息已甚，皆未能以色养称，亦姊之恩爱特重，有以致之也。

尝生一女，痈出于背，遂病偻，举家争祝其死，姊笃爱之。未几，死，号哭数年，每恸曰："天何夺吾女之酷也？"

姊性多哀伤，易于哭，晚年尤甚：语及母氏则哭，语及伯颖则哭，予兄弟每见面则哭，其去也又哭。人皆谓姊善悲，呜呼！拊今追昔，触事感怀，亦毋怪乎其悲也。予妻，安人方氏孤女也，视姊为诸母。姊与妻母王孺人妯娌相善，属为择婿，因以归予。妻母，节妇也。予妻从予避党祸，殉节吴江，姊闻之，大哭，已而曰："是能不愧其母矣！可哭，亦可喜也。"其重节义知大体又如此。

予归里后，再寓白门者二年。念同产，惟仲子及姊耳，作《麦园》《椒岭》二篇以志所思。次年遂归。归逾时，而仲子即世。复以避谤入闽，再娶徐氏，越三年，挈还田间，急迎姊。姊益老，且以明年称七十矣，予语姊曰："自吾母以及诸兄，皆不满七十，今幸有姊明年初度，当迎过草堂，率内外诸子孙称七十觞为庆。"姊许诺。讵意是冬予儿陨于盗，姊闻之惊痛，病益剧，遂死，亦竟未满七十也。

姊生长太平，家世以诵读为业，门内见非儒服者目为怪物。变更以来，人多徙业，姊犹以往事律今也，每以诸子读书不能承父志为恨，尝指予以语诸子曰："予往见舅氏读书，日暮，吾母量给膏火，尝夜半膏尽，叩门求益，母察有勤读者，益之，且饷以粥，嬉坐者则否。吾老矣，今犹夜绩，吾门内书声绝响久矣。"

又言予少时，目不识铢两，数钱至十则误，终日手一编，人以为专愚，不知后之人何以偏知巧于此耳。言讫复悲。呜乎！是亦可悲也。

姊以万历庚子□月生，卒于今戊申之□月，享年六十有九。子六人：曰某，曰某。孙几人：曰某，某出；曰某，某出。以某年月葬于宅后之某山，某向，而其弟钱某为之志铭。铭曰：

昔姊于归，有屋渠渠。锵锵鸣佩，翼翼登车。宜其家室，母心则喜。母氏既殁，艰难伊始。流离饥困，丧其所天。挈子归椟，惟姊也贤。旧宅焚如，归无宁宇。仆媵俱尽，姊氏劳苦。姊不厌劳，而独好悲。终岁涕泣，未老而衰。惟此一抔，其室伊迩。魂兮何之？魄也恋此。厥恋维何？儿女是依。恩爱缠缚，谁知其非？戋戋铭章，田间所撰。百世而下，知为同产。[1]

---

[1]（清）钱澄之撰，彭君华校点《田间文集》，黄山书社，1998年，第445—449页。

延伸阅读：

柏文莉（Beverly Bossler）：《终生为女：宋代及帝制晚期的姻亲及女性人际网络》（A Daughter is a Daughter All Her Life: Affinal Relations and Women's Networks in Song and Late Imperial China），《清史问题》（*Late Imperial China*）第21辑，第1期（2000），第77—106页。

凯瑟琳·卡利兹（Katherine Carlitz）：《哀悼、个性、情感表现：明代士人纪念母亲姐妹和女儿》（Mourning, Personality, Display: Ming Literati Commemorate Their Mothers, Sisters, and Daughters），《男女：中国的男性、女性和社会性别》（*Nan Nü: Men, Women and Gender in China*）第15辑，第1期（2013），第30—68页。

黄卫总（Martin Huang）：《私密的记忆：晚期中华帝国的性别与悼亡》（*Intimate Memory: Gender and Mourning in Late Imperial China*），纽约州立大学出版社，2018年。

卢苇菁（Lu Weijing）：《清代文集中有关女性亲属的书写》（Personal Writings on Female Relatives in the Qing Collected Works），收于刘咏聪（Clara Wing-chung Ho）编，《亦显亦隐的宝库：中国女性史史料学论文集》（*Overt and Covert Treasures: Essays on the Sources for Chinese Women's History*），香港中文大学出版社，2012年，第403—426页。

（黄卫总）

第十九章

一位身为汉族旗人的治水专家

靳　辅（1633—1682）

这篇为汉族旗人靳辅撰写的墓志铭，凸显了一位优异的治水专家的职业生涯。靳辅将黄河和大运河视为一个体系，他所建立的治水机制使清代在一百多年中避免了洪水灾难。靳辅以及其墓志作者王士禛的一生也反映了在满族统治下汉人是如何通过自己的努力而得以于青史留名的。

导读：

研究清代官员生平的一大烦心之事，就是即使有那么多可以被称为传记的记载，然而这些记载却甚少包含那些可以真实地展现他们主角的必要资料。记载清代官员生平最常见的是由清初成立的国史馆编纂的传记。这些都是经过集中编写和精心编辑的关于主角生平事迹的散文式描写，并且还会附上主角最重要的文章。国史馆的这些作品，也被称为本传，能让读者追溯一个官员的职业生涯，或许还能得知他最重要的政治地位。然而它们并不能提供足以唤起这些官员个性或者是解释（而不仅只是叙述）他们行为的主观阐释的基础。现存的墓志铭则给出了一个重要的补救。这类作品的作者可辨，作者与主角及其家庭的关系可知，它们所包含的家庭生活以及个人追求的细节是匿名编纂的本传望尘莫及的。当然，正史传记也不能被忽视，因为他们记载的日期通常可信，而墓志铭则会略去那些会让作者或者主角家人感到不适的细节，甚至出于为尊者讳而隐去大段过往历史。不过，这些删节本身也是值得留意的。我们的主旨应该在于取得某种平衡，亦或是从不同传记里的各种成分中构建统一，从而构筑出一个清代官员的一生。

以下这篇墓志铭是清代杰出的诗人和要员王士禛（1634—1711）为曾在1676年到1688年以及1691年到1692年间担任河道总督的靳辅（1633—1682）所著的生平。靳辅是汉军旗人，即在满清入关前就归附的拥有世袭地位的由满人组织的汉军家族的成员。他出生于清朝入关前七年，并于1644年抑或稍后跟随满人从关外沈阳迁到北京。他在京城担任了一系列的职位后，于1671年调任安徽巡抚。他到任安徽五年后，又于1676年被晋升为河道总督。靳辅和王士禛都曾是清朝初年满汉交流的纽带。汉族旗人为清朝统治者担任翻译，并且在清初通常也充当新统治者在各省的代言人。这样的代言人王士禛也曾担任过：1660年到1665年他在扬州任地方官时，曾帮助重建被清军征服时摧毁的某地的社会生活。在这之后，他一直供职于清廷中央。王士禛和靳辅有可能曾经面识，不过并没有留下关于他们相识的书面记录。之所以王士禛会给靳辅写墓志，是出于靳辅长子的请求。王士禛在撰写时曾接触过靳氏家书，而他亦有机会听到靳家人口述的家族故事。而他所撰的这篇墓志是《国朝耆献类征》所收的七部靳辅传记中唯一一部由他同代人所写的。

王士禛为靳辅所作的墓志中一个颇让人费解的细节是，王称靳家先祖在十四世纪后期明朝克定山东时加入明军——这种军户是世袭的，之后他们被派发到满洲地区南部镇守辽阳。十七世纪初，满洲势力扩张，靳氏即弃明投满。如果这是真的，那么似乎在十七世纪时，靳氏就把明朝的世袭军户身份换成了清朝的世袭军户身份。而靳氏加入满洲的原因，是因为他们所属的军队被俘，还是他们考虑到在清初享有高位的可能性更大一些而主动投降，就不得而知了。我们既没有办法确认靳氏在明朝的服役情况，也没有办法确认他们对清朝投降的原委，其他所有现存传记中都没有包含这样的背景资料。不过，王士禛所撰的墓志很可能反映了靳氏一族的自我印象，那即是他们在帝制时代晚期国家内占据了某个中层职位，而这一职位，不管谁实际掌权，都会保持不变。

据王士禛所言，靳辅与其妻杨氏和白氏生有四儿两女。四子分别取名为治豫、治雍、治鲁、治齐。这位自信的清朝臣属把他的四个儿子命名为鲁齐豫雍四个古国／州的"统治者"。通过这些名字，他寄望于他的儿子们可以在国家秩序中保有安安稳稳的地位，而不必处在最高层。他的愿望也确实成真，到他去世时，四个儿子全都供职官府。王士禛所撰的墓志提到，靳辅年老后，立了一座家祠，并仔细地对比朱熹和司马光关于"礼"的记载来确定特殊时节应当使用的礼仪。周启荣以及其他人的研究表明，很多十七世纪的中国家庭，特别是像靳氏这样有过侍奉二主复杂历史的，都不得不被迫反思自己的汉人身份问题。最常见的答案则是汉人身份不在于政治上

靳文襄公

奏疏

逡來言水利者惟在疏泄
得宜節宣利導俾水無失
其性而我
朝定鼎以来歲漕東南四百餘
萬石以寔
天庾轉輸之力全資水利治河

《靳文襄公奏疏》

向谁效忠，而在于忠实地确立从祖上传承下来的礼仪习俗。然而，什么才是正确的礼仪？对于十七世纪后期的文人以及试图弄清自身处于满汉社会政治秩序地位中的家庭来说，整理尚存的关于中国古代礼仪的记载就成了一件大事。

不管这些细节暗示了些什么，它们在王士祺撰写的墓志中也不过是一笔带过，而墓志主体看中的则是描写靳辅对于黄河及淮河下游的治理。这里，王士祺对靳氏及其家书的了解也依然至关重要，这是因为王因此得以援引靳辅不曾公开的奏章。在这之后，其子靳治豫出版了靳辅的108份奏章，书名为《靳文襄公奏疏》。王士祺援引的很多段落都可以在这部文集中找到，但也有部分似乎是从没有收录的文档而来。王士祺的记载并不完全遵循时间顺序，而是着重突出靳辅的功绩。从这个方面来说，这正好与遵循时间顺序的《奏疏》相得益彰，不过后者中的奏章也并没有确切的日期。就如十九世纪的史家李祖陶所言，编纂靳辅的事迹须要同时用到《奏疏》、王士祺的墓志以及其他公开的资料。王士祺用几个段落突出了靳辅治理河道背后的深入实际观测和解析思路。数位研究靳辅河道治理的学者认为他的观点起码属于原科学，而且接近现代水文学。

如果王士禛写的传记把我们带进了靳氏家族圈子原有的模样，那它也存在着未能带我们前往之处。比如靳辅和他的私人幕僚陈潢的关系，他跟康熙皇帝以及江南权贵对于江苏中部洪水成因的长期争论，以及他在1677年被免职的事情。由于这几件事中的任意一件都纷繁复杂，这里只能简要说明一下。陈潢在1688年靳辅被免职后就死于狱中，他是很多署名为靳的奏章的公认作者，他和他的主官关系异常紧密，甚至执笔了一部关于治水的、靳问陈答的问对集。靳辅和康熙皇帝以及江南权贵的争执主要源于他们对长江下游水文认知的不同，靳辅坚持己见几乎到了冥顽不化的地步。在江南开垦土地军屯的利弊问题上，靳辅和朝廷也持不同意见，江南权贵把军屯行为视为窃取他们的土地，而康熙皇帝也倾向于同意这种观点。尽管二十世纪的学者以及王士禛都倾慕于靳辅的功业，然而很多他的同代人却觉得他自大而固执。固执己见自古以来就不是和中国帝王相处的好方式，以靳辅为例，这就给了江南道御史郭琇一个口实来弹劾他。在免职期间，靳辅著有《治河方略》，受到王士禛的推崇和引用，然而数年后此书才得以刊行。不过这次免职也并不是永久的，当康熙皇帝赞叹于靳辅的杰作——位于苏北的中河——时又让其复职。最终靳辅逝于任上。

志文：

光禄大夫总督河道提督军务兵部尚书兼都察院右副都御史谥文襄靳公墓志铭

王士禛

康熙三十一年十一月十九日，总督河道提督军务兵部尚书靳公，勤劳王事，卒于位。所司以闻，上震悼，恩恤有加礼，谥曰文襄。于是，其孤兵部职方员外郎治豫等，将奉公枢大葬于满城县之赐阡，既刻王言于丰碑，蛟龙赑屃，照耀万古，用侈国恩。又谋刻隧道之石，以属不佞士禛。士禛不得辞。

窃惟国家乘昌明之运，创久大之业，则必有鸿骏非常之人，名世间出，以亮天功。其力可以任大事，其识可以决大疑，其才可以成大功，其忠诚可以结主知，定浮议，卒使上下交孚，功成名立，而天下后世莫不信之，用能纪续惇史，誉流无穷。若靳公者，是其人已。

按状：公讳辅，字紫垣，其先济南历城人也。明洪武中，始祖清，以百户从军戍辽，遂为辽阳人，阵亡，得世袭千户。数传至守臣，守臣生国卿，国卿生应选，历官通政使司右参议，即公考也。以公贵，三世俱皇赠光禄大夫总督河道提督军务兵部尚书兼都察院右副都御史。

公生有至性，九岁丧母，执礼如成人。年十九入翰林为编修，朝章国故已极博综。迁兵部职方司郎中，通政使司右通政，遂进武英殿学士兼礼部侍郎。

康熙十年，特简巡抚安徽等处都察院右副都御史。会《世祖章皇帝实录》成，加一品服俸。皖属频旱，民多流冗，公力求民瘼，归者数千家。凤阳田野多芜不治，公上补救三疏：一曰《募民开荒》，二曰《给本劝垦》，三曰《六年升科》。

又上疏曰："致治之道，首在足民，足民有道，不在请赈蠲租，而在因民之力，教以生财之方。且凤阳广袤，何如苏、松？苏、松地方三百里，财赋甲天下，凤阳方五百里而贡税不及苏、松什一，虽地有肥硗，讵应悬绝如此？盖苏、松擅水利，小港支河所在而是，旱既有资，涝复有泄，虽雨旸稍愆，卒不为患。大江以北尽失沟恤之旧，稍遇水旱，即同石田，今欲田无旷土，岁无凶年，莫如力行沟田之法。沟田者，古井田遗意也。然井田自亩至浍，浅深广狭，法制繁重。沟田但凿一沟，修浚甚易，其法：以十亩为一畖，二十畖为一沟，以地三亩有奇为二十畖中之经界，二十畖之外，围以深沟，沟道广一丈八尺，沟广一丈二尺，深七尺五寸，开沟之土即累沟道之上，使沟道高于田五尺，沟低于田七尺五寸，视沟道深一丈二尺五寸，涝则以田内之水车放沟中，旱则以沟中之水车灌田内。沟田一行，其利有四：水旱不虞，利一；沟洫既通，水有所泄，下流不忧骤涨，利二；财赋有所出，利三；经界既正，无隐占包赔之弊，利四。"

疏奏，方下部议举行，而适滇闽变作。皖居三楚要害，其南歙郡逼处闽疆。公练标兵，募乡勇，严斥堠，远侦探，武备大振。巨寇宋标者，踞歙郡山中为乱，声撼远近，以奇计擒之于巢湖，上流以安。

部议省驿递之费以佐军饷，事下直省巡抚条议。公疏谓："省费莫先省事。今督抚提镇，每事必专员驰奏，糜费孔多。计惟事关军机，必用专骑驰奏，余悉汇奏，以三事为率，是一骑足供三事之役矣。"议上，著为令，岁省驿递金钱百余万两。加兵部尚书。

十六年河决江淮间，上稔公才，特命移皖江之节，以原官总督河道。时河道大坏，自萧县以下，黄水四溃，不复归海，决于北者，横流宿迁、沭阳、海州、安东等州县；决于南者，汇洪泽湖、转决下河七州县，清口运道尽塞。公上下千里，泥行相度，喟然曰："河之坏，极矣！是未可以尺寸治之也，审全局于胸中，彻首尾而治之，庶有瘳乎。"

遂以经理河工事宜，条为八疏奏之，大略谓：事有当师古者，有当酌今者，有当分别先后者，有当一时并举者，而大旨以因势利导为主。廷议以军兴饷绌难之，姑令量修要害。公又疏言："清江浦以下，不浚不筑，则黄、淮无归；清口以上，不凿引河，则淮流不畅。高堰之决口不尽封塞，则淮分而刷沙不力，黄必内灌，而下流清水潭亦危。且黄河之南岸不堤，则高堰仍有隐忧；北岸不堤，则山以东必遭冲溃。故筑堤岸，疏下流，塞决口，但有先后，无缓急，今不为一劳永逸之计，年年筑塞，年年溃败，往鉴昭然，不惟劳民伤财，迄无所底，而河事且日坏。"疏上，廷议如前。

上以河道关系重大，并下前后廷议，使再具奏。公乃备陈利害，上悉如所请。已又疏请河之两岸设减水坝，使暴涨随减，不至伤堤。上复俞之。盖上深知公忠果沉毅，可任大事，故排群议而用之。公感激知遇，仰秉庙谟，不惮胼胝，不辞艰巨，不恤恩怨。

不数年，黄、淮两河悉归故道，漕运以通。清水潭工，淮扬间号称首险，盖全淮之水，挟黄河倒灌之水，自高堰决入高、宝两湖，转决于此，为下河七州县受水门户，屡塞屡决，至劳宵旰者累年。公越潭避险从浅，所筑堤遂用底绩。

先是大司空估计潭工非六十万不可，至是费仅十万而功成，省水衡钱巨万。又请裁冗员，专责成，严赏罚，改河夫为兵，领以武弁。凡采柳运料、下埽打桩、增卑修薄诸务，画地分疆，日稽月考，著为令甲，而诿卸中饱诸弊悉绝。凡公所为，惩因循，谋经久，皆此类也。

十七年冬，疏报湖河决口，尽行闭合。上喜悦，优诏批答，褒勉有加。先是，南北两运口，乃漕舻必由之道，而运与黄通，时为河饱。岁须挑浚，官民交病。北口旧在徐州之留城东，徙宿迁之皂河，且三百里，黄河一涨，时苦淤淀。公于皂河迤东挑河二十里，以束运河之水。

又谓：凡水性下行，一里当低一寸，使新河高于黄河二尺，则黄不能入运，而南口则移其闸于淮内，使全受淮水，淮清黄浊，沙不得停，即或黄强淮弱，灌必不久，淮水一发，淤即洮汰无余。

两运口既治，数百年凤害顿除。又谓：水性本柔，乘风则刚，板石诸工，力不能御。乃于洪泽湖增筑坦坡，杀水之怒以卫堤。复督河官沿河植柳，以备埽而固堤，堤乃益坚，埽不远购。防河之法至是大备。

二十三年，车驾南巡视河，天颜有喜。御书《阅河堤》诗一章赐公，及佳哈、御舟、上用帷幕，皆异数也。黄、淮两河既归故道，于是疏请开中河三百里，专导山东之水。初，山东沂、泗、汶、泇诸水，一当暴涨，漂溺宿、桃、清、山、安、沭、海七州县民田无算，且汇入黄河，黄水益怒，益以淮水，三渎争流，以趋清口，上流横溃，则下流益缓，缓则益淤，而上流愈溃。

又漕艘道出黄河二百里，涉风涛不测之险，买夫挽溜，费且不訾。中河既成，杀黄河之势，洒七邑之灾，漕艘扬帆，若过枕席。说者谓中河之役，为国家百世之利，功不在宋礼开会通，陈瑄凿清江之下云。公治河首尾十年，决排疏瀹，因势利导，使三渎各得其所，而河以大治。

二十六年，诏问治淮扬下河之策，公持议谓"治下河，当竟治上河"，与群议异，言者蜂起，公遂罢。二十八年春，上再南巡视河，公迎于淮安，上顾问河工善后事宜甚悉，诏旨复公官，以原品致仕，有"实心任事"之褒。

公家居三载，上念公功不忘，凡三命阅河，一赐召对。三十一年，特旨起公田间，以原官总督河道。以老病辞，不许。

会陕西西、凤二府灾，有旨截留南漕二十万石，溯河而上，备贮蒲州，以赈秦民，仍命公董其役。公不敢复辞，力疾就道。上念公老病，再赐佳哈、御舟，以旌异之。公至，即经画西运，周详曲至。自清河至荥泽以达三门，底柱安流无恙，始终不役一夫而事集。

西运将竣，遂以病状疏闻，特命公长子治豫驰驿省视，而命公归淮上调理。时公病已剧，犹疏陈两河善后之策，及河工守成事宜几万言。又请豁开河、筑堤废田之粮，并清淤出成熟地亩之赋。上特命大学士张公玉书、尚书图纳公、尚书熊公赐履前后往，相度清厘之。寻，复以病求罢，上犹不许，而命治豫往视疾。未至再疏求罢，始得请，则公以是日考终官舍矣。实康熙三十一年十一月十九日也。

遗疏上闻，上临轩叹息。灵轺既归，特命入都城返
柩其家，前此所未有也。命大臣、侍卫奠酒、赐茶，命礼
部议赐祭葬，命内阁议易名，赐谥文襄。饰终之典，一时
无两。呜呼！公于君臣遇合之际，以功名靖献，以恩礼始
终，得于天者可谓厚矣。

公著《治河书》十二卷，前后奏疏若干卷。尝论古今
治河成败之故，略曰：今经生言河事，莫不侈谈贾让《三
策》，愚以为不然。让上策欲徙冀州之民，自宋时河徙，
已非汉之故道；中策多张水门，旱则开东方下水门，以溉
冀州，水则开西方高门，以分河流，不知黄河所经，卑即
淤高，数年之后，水从何放？且《禹贡》言"九州既陂"，
所谓陂，即今之堤也。盖水流甚平，而地势有高下，使非
筑堤约束，水经由卑地，能不漫溃乎？让为缮完故堤，增
卑倍薄，乃为下策，是故与《禹贡》相反。让之智，顾出
神禹上哉？共持论如此。故公治河尽矫让言，专主筑堤束
水，功乃告成，其详具载《治河书》。后之人可考按而得
公之用心，与其所以底绩者，亦千古河防之龟镜也。

公天性孝友，事通政公无唾涕跛倚。世父副使公彦选
无子，丧葬尽礼。从伯父承选殁，遗一孤子，延师训之，
为完婚娶，谋生产。爱弟郎中弼、南安知府褢，不殊一身，抚弟子如子。居家严肃，俨若朝典，作宗谱家训，俾子姓世守之。仕稍贵，即建家庙，凡吉凶祭葬，币祝日时之仪，皆斟酌古礼，参互于司马文正公、朱文公之说，著之家乘。

平生不苟言笑，一言之出，终身可复。行己齐家，类多可书，不具论。论其大者，而功名尤在治河一事，其利益在国家，其德泽在生民。卒之食少事多，鞠躬尽瘁，古所谓社稷臣，公无愧矣。

公生于天聪七年癸酉，卒于康熙三十一年壬申，得年六十。元配杨氏，累赠一品夫人。继配白氏，累赠一品夫人。子四：治豫，兵部职方清吏司员外郎兼管佐领；治雍，浑源州知州；治鲁，八品官；治齐，教谕。女二，适高某、朱某。孙八人，树基、树乔、树滋、树畹、树玉、树德、树功、广宁。曾孙一人。系之铭曰：

黄河万里来昆仑，下历积石经龙门。决排疏瀹禹续存，九川从此乃涤源。汉歌瓠子淇竹殚，沈马玉璧劳至尊。大河日徙东南奔，波涛沸郁愁鱼鼋。帝命宝臣康厥屯，乘椿蹈垒忘朝飧。河伯效灵波沄沄，河淮不复忧清浑。扬徐千里禾稼繁，漕艘百万如腾骞。维帝念公锡便蕃，功成十载德弗喧。公骑箕尾民烦冤，巷哭过车手举幡。黄肠秘器赐东园，丰碑金粟开高原。天禄辟邪左右蹲，云车风马无朝昏。山重水掩安且敦，千秋万世宜子孙。[1]

延伸阅读：

史景迁（Jonathan Spence）：《中国皇帝：康熙自画像》（*Emperor of China: Self-Portrait of Kang-hsi*），兰登出版社，1974年。此书中译版，吴根友译，上海远东出版社，2001年。

史景迁（Jonathan Spence）：《康熙朝》（The Kang-hsi Reign），裴德生（Willard J. Peterson）编，《剑桥中国史》第九册《清代》第一部分（*Cambridge History of China, Vol. 9，Part 1*），剑桥大学出版社，2002年，第120—182页。

劳伦斯·凯斯勒（Lawrence D. Kessler）：《康熙与清代统治的巩固》（*Kang-hsi and the Consolidation of Ch'ing Rule*），芝加哥大学出版社，1976年。

盖博坚（R. Kent Guy）：《经略各省》（Governing Provinces），裴德生（Willard J. Peterson）编，《剑桥中国史》第九册《清代》第二部分（*Cambridge History of China, Vol. 9，Part 2*），剑桥大学出版社，2002年，第1—76页。

（盖博坚[R. Kent Guy]）

---

[1]（清）王士禛《王士禛全集》，齐鲁书社，2007年，第三册，第1865—1872页。

第二十章

执意殉夫之妇

戴　氏（1666—1687）

本篇合葬墓志铭是清初大儒毛奇龄为一对年轻夫妇所写，内容述及一位丈夫科考落第病死，以及他的妻子在夫亡之后执意殉死之事。本文揭示了明清时期流行的情教观与贞节观。

导读：

明清妇女在夫亡后拒绝再嫁，被颂扬为严守妇德。许多寡妇，尤其是为夫家奉献良久的女性被公开褒扬。有些丧夫的妇女不只是拒绝再婚，更以自残的方式以求与亡夫重聚于九泉之下。也有一些是年轻即订婚，而于未婚夫身亡后拒绝再嫁者，她们被称为"贞女"。这种贞节崇拜被国家旌表制度奖励，被文人学士作为妇德典范歌颂提

毛奇龄（1623—1716）

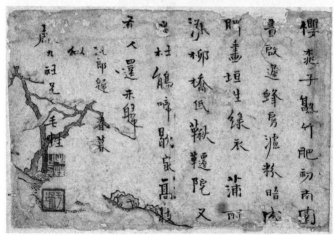

毛奇龄书法

倡。目前的研究也显示，科举竞争愈激烈的地区，产生愈多贞节烈女的传记。当男性难以借由取得官职来提升家族地位，他们可能会愈加利用提倡族中妇女德行来光耀门楣。

以下这篇合葬墓志铭是为生员吴锡（1666—1687）以及与他同龄的妻子戴氏（1666—1687）所写，吴22岁即过世，戴不久也结束自己的性命。作者毛奇龄（1623—1716）是清初重要的学士与考据学家，以强烈反对新儒家如朱熹（1130—1200）的正统学说闻名。他是浙江萧山人，一位博学的学者，精通声韵、音律、史地与诸子百家之学。明亡之初曾拒绝出仕清朝，然而康熙十八年（1679）他通过博学鸿儒科，进入史馆纂修《明史》。康熙二十四年（1685）致仕后，他侨寓杭州教学，这篇《吴文学暨烈妇戴氏合葬墓志铭》即写于同时期（约康熙二十八年）。

关于贞女未婚守志，毛奇龄早年赞同，在明史馆时（康熙十八至二十四年，1679—1685），还坚持贞女应入史传。但晚年约康熙四十一年（1702）左右，他改变立场，认为贞女未真正完成婚礼，不足以"成妻"，批评女子为未婚夫殉死，实不合乎礼。其后康熙五十年（1711）

他甚至后悔曾为吴锡与戴氏写过这篇合葬墓志铭，虽然他们确已成婚，但他担忧过于表彰贞节烈女，会使人们起而效尤。其实在这篇墓志铭中，他已表达对女性殉夫的忧心。吴与戴两人之死只差42天，最后被合葬于同一墓室。

合葬的习俗最早在战国时期就已出现。中古时期，夫妇（或家族）合葬已是普遍现象，直到明清依旧如此。死者们可能被葬在相同或者不同的墓室，有时死后若干年才移葬在一起。

在这篇墓志铭中，我们可以见到作者的重情观。从唐到清代，文人在墓志铭中对于夫妻之情的表达，有不同的展现。唐代夫妻被比喻为"凤凰于飞"；宋代墓志铭比较关心妇女与婆家成员的和谐关系，特别是寡妇的生活；明中叶则可见不少文人用"标准化"的语言来歌颂妇女，晚明文人更不吝表达对亡妻的哀悼之情；而到了十七世纪，重情观在婚姻关系的书写上则有消退的迹象。但在这篇夫妻合葬墓志铭中，毛奇龄具体描绘了吴锡苦于准备科考与戴氏执意殉夫的过程，清晰地述及吴锡与戴氏的情感表达。

志文：

吴文学暨烈妇戴氏合葬墓志铭

毛奇龄

吴与戴望族，而为婚姻。吴氏有子，四岁，读《通鉴》，括录数过成诵。五岁，能论列代史兴亡治忽，并人物臧否。七岁，通《诗》《书》《易》《春秋左氏传》《国策》《史记》《汉书》及诸子之名者。八岁，习举文。九岁，应试，家人抱内（纳）之，辰授题，巳即缴卷。提学使怜其幼，曰："是能胜衣巾乎？"待之次岁，再试，文益工，遂补钱塘学生员。当是时，吴氏子声藉甚，目为圣童，且曰："此非天所锡不至此。"因名锡，字天与。而比邻戴氏女，十岁矣。父死，女哭泣过哀，几失明，乡中人以孝女呼之，曰："孝女不当为圣童配耶？"因聘焉。十六岁，合卺。十七岁，病。

先是，天与十五岁，试于乡，以斥落愤懑，仿李贺送沈亚之下第诗以见志。至是，年十八，偕其弟钥，同赴甲子秋乡试。天与既自负，弟亦年少，相继起，以为必得，乃并就斥落，则益愤，吟孟郊《再下第》诗"一夕九起嗟"句，曰："吾何用起矣！"昼负枕卧，书空百余字，或强饮醇酒，不自适慷慨。既而屏举文，键其户，出所读汉魏古文赋，兀坐矻矻。又所居山斋过寂僻，朝暮林莽，多草木蒿荞之气，浸淫薄蚀，遂致病。越三年，病剧死。

当天与病时，戴侍汤药不税衣。卖所饰珥环，祈佛礼斗箓，冀以少济。知不治，请死天与前。天与曰："吾未死而汝先死以待之，是以死促我也。"戴泣而止。至是，天与将属纩，呼弟钥曰："吾察汝嫂将必死。我死，嘱家人伺之，脱必不可夺，则听之耳。"

天与死，戴果泣不止，以首触枢，碎首，血被面。家人环伺之。绞以巾，刺以裙刀，凡求死者七，最后仰金，不得死。

母慰之曰："儿素以孝称，今母在，儿死何也？"曰："儿在家，死父，今死夫，命也。儿不孝，儿不能复事母矣！"乃密坏玻璃乳瓶，吞其廉，断肠，呕碧血数升死。距天与死时，凡四十二日，今丧家所称六七辰者。

乡人赵佩等五十八人，与杭州府仁和、钱塘二县三学生员王大成等四十五人，齐诣府县，公揭举烈妇。

府县以其揭上之督抚及提学诸使，督抚、提学诸使复下之布、按及府县，取给并事实，题旌建坊。

而以吴、戴籍新安，由世业盐筴来杭，杭之商籍自新安者，合绅士杨大生等一百人，复举之巡盐御史，咨请会题。而先给榜额悬其门，且捐金办物，亲为文祭于枢堂。其亲党、同籍复合钱构祠于西湖葛洪岭之阳，而以次年己巳四月四日，卜葬于祠侧，使来请铭。予闻自昔言妇道者，曰"从一而终"，又曰"一与之齐，终身不改"。然亦言从一，言不改已耳，未闻其以死也。即或不得已，有夺之，有侵且辱之，则必矢死以明其靡他。然亦矢志则然，或不必即死；即死，亦先示以死，或戳鼻或劓面，或断臂、割发，不必其竟死也。乃未尝夺之而矢死，矢死而必于死，且必于竟死，无乃太过？然而自陶唐以后，赵宋以前，凡忠臣孝子，弟弟信友，往往为非常之行、过情之举，以径行其志。进无所顾，退无所忌，无一不与烈妇之所为相为合符。夷之遵父，伊之见祖，王子之致身，泰伯、虞仲之让弟，左桃、羊角哀之死友，皆是也。

自不偏之说起，审身度物，动多絜量，左顾右盼，惟恐或过。于是以伯奇为从亲，豫让为任侠，霍子孟为不学，田叔都、邓攸为畸行，郅君章、荀巨伯为轻于殉友，以致忠孝廉节，举足有碍。虽以二宋之惨烈，君亡国破，而讲学之徒，无一人为之死者。幸而其说不及于闺中耳。

予少入乡学，学师说孝行，埋儿刻母，不一而足。初闻之惕然，既而慨然，又既而中心怦怦，以为世固有至行如是者，吾何为不然？归而述其语，遍告家人，至有语及而颐戟，言未毕而泪已倾者。而先教谕兄讲学日久，闻予言而恶之，谓少年误学，是非正行，不足道。埋儿断嗣，出妻伤恩，刻木虐邻，卧冰毁性，凡有一于此，即为不孝，而况从汇之？不观有明之功令乎！伤生灭性，剐体庐墓，得加以罪。而子方奉为至行，过矣！

予闻之，爽然而失，馈然而自废，迄于今五十余年，卒不得为孝子、为弟弟者，一言之误也。观烈妇所为，可以返已。

天与以康熙二十七年二月十三日卒，而烈妇即以是年三月二十四日殉之，皆享年二十有二。

天与之父辛中君尝谓人曰："烈妇十六岁而归吾子，二十二死，吾乐有子者十六年，其乐有子妇，裁六年耳。乃吾子以二月死，而烈妇之死以三月。三月以前，吾痛吾子；三月以后，吾痛吾媳。是吾痛子祇一月，而痛烈妇者且终身也！"又曰："烈妇每求死，则每救之。然而多一救，则多一苦，至苦极，而罔救矣！"哀哉！乃合为铭。铭曰：

初谓孝女，可配圣童。讵意修文之妇，而竟以烈终。其生同岁，其死时又同。今又同穴，曰惟一之从。葛山之麓，西泠之东，中有冢焉，树之以梓桐。惟鸳鸯栖之，以雌以雄。其朝夕相随，翱翔乎西东者，或分而合，或违而从；所不可分违者，惟冢中。[1]

延伸阅读：

柯丽德（Katherine Carlitz）:《明中期江南的祠堂、统治阶层特点及寡妇守节的流行》(Shrines, Governing-Class Identity, and the Cult of Widow Fidelity in Mid-Ming Jiangnan)，《亚洲研究》(*Journal of Asian Studies*) 第 56 辑，第 3 期（1997），第 612—640 页。此文中译版，收入伊沛霞、姚平主编，《当代西方汉学研究集萃》妇女史卷，2012 年，第 111—146 页。

曼素恩（Susan Mann）:《清代宗族、阶层与社群结构中的寡妇》(Widows in the Kinship, Class, and Community Structures of Qing Dynasty China)，《亚洲研究》(*Journal of Asian Studies*) 第 46 辑，第 1 期（1987），第 37—56 页。

罗浦洛（Paul S. Ropp）、曾佩琳（Paola Zamperini）、宋汉理（Harriet T. Zurndorfer）:《烈女：明清女性自杀研究》(*Passionate Women: Female Suicide in Late Imperial China*)，

---

[1]（清）毛奇龄《西河文集》卷98，国学基本丛书，台湾商务印书馆，1968 年，墓志铭八，第1141—1144 页。

博睿学术出版社（Brill），2001年。

田汝康（T'ien, Ju-kang）：《男性焦虑与女性贞节：明清时代中国道德观的比较研究》（*Male Anxiety and Female Chastity: A Comparative Study of Chinese Ethical Values in Ming-Ch'ing Times*），博睿学术出版社（Brill），1988年。

卢苇菁（Lu Weijing）：《贞女传记——礼仪论辩、道德批评和个人反思的平台》（Faithful Maiden Biographies: A Forum for Ritual Debate, Moral Critique, and Personal Reflection），收于季家珍（Joan Judge）、胡缨（Hu Ying）编，《重读中国女性生命故事》（*Beyond Exemplar Tales: Women's Biography in Chinese History*），加利福尼亚州大学出版社，2011年，第88—103页。此书中译版，江苏人民出版社，2011年。

（衣若兰）

第二十一章

一个妻子的自我牺牲

孙　氏（1769—1833）

这篇生志作于妻子尚未弃世之时，它栩栩如生地描
写了一个身患严重残疾的女性是如何坚韧不拔，成
功理家的。作者称他的妻子为良友，且毫不掩饰对
妻子的爱和感激。

导读：

夫妻关系是儒家"五伦"之一，是人类社会秩序的
基础。儒家典籍强调夫妻之别，虽然也同时承认夫妻在祭
祀礼仪上的同等地位。夫妻之间以互相尊重和妻子顺从
夫君为原则。然而，在儒家道德规范之外，中国文化非
常重视夫妻间的情感。夫妇恩爱的标志性象征，比如成双
的鸳鸯，从古一直延续至今。在明清时期（1368—1911），

由对情的崇拜和对女子文学及艺术才华的赞美，催生了一种新的以才情契合为基础的理想婚姻。十八世纪沈复（1763—1832）和陈芸的婚姻即是一例。沈氏所著的《浮生六记》详细描述了他们的美满婚姻，其间亦有和他父母兄弟的家庭冲突。

有清一代，受过教育的夫妻用多种文体表达伉俪之情和对对方忠诚陪伴的感激。诗歌是尤其受男女青睐的表达形式。与之形成对比，传记和墓志——其作者基本上是男性——聚焦在称颂妻子的贤能，持家有方。有的丈夫甚至把本人仕途成就归功于妻子。为妻子撰写墓志的传统源于古代（见本书第十三章），但在明清时期，墓志写作的"世俗化"使许多非名门贵族出身的女子也成了墓志之主，而且墓志描述的事迹也趋于平常化。

方东树（1772—1851）出身于安徽桐城，是桐城派主要作家之一。[1] 他师从姚鼐，后来自己也成为知名的老师。方东树的思想和学术兴趣从儒家扩展到其他学派和佛教。他是宋学的坚定追随者，提倡从思想和哲学角度研究儒家

---

[1] 桐城派由安徽桐城作家创建，强调文章的义理和朴素简洁的文风。

经典，反对十八世纪的汉学考据派。[1]方氏一生著述丰富，其中《汉学商兑》即为攻击考据学派而作。

尽管方东树在十九世纪思想史上占有一席之地，他在科举仕途上却很不顺利。他在22岁那年考取秀才，之后十次尝试每三年举行一次的省试，均以下第告终。五十多岁时，他彻底放弃科考。迫于贫困，方东树常年奔波在外，寻找教职或幕僚之职。在两广总督阮元幕下时，方东树主持修撰江宁府志和广东省志。晚年，他在几个书院任主讲。虽然从未成为官宦，但是方东树仍热衷于社会和政治问题。十九世纪三十年代晚期，他为两广总督邓廷桢（1776—1846）幕僚时，据说曾极力鼓动邓暗杀英国驻华商务总监查理·义律（Charles Elliot）以根除鸦片泛滥的问题。

方东树在外的时间远远超过在家的时间。这一点以及他一生遭遇的辛苦和失望给他为妻子孙氏写的《生志》涂上一层特别的色彩。这篇《生志》作于1831年，方东树60岁，孙氏63岁。当时，方东树在安徽宿松书院，刚撰写了

---

[1] 汉学和宋学因其不同的思想学术研究的目的和方法源于汉宋两代而得名。在清代，汉学发达于盛清时期（约十八世纪），而宋学在清代后期复兴。

毛奇齡西河集辨道學其畧曰聖學不明久矣聖以道為學而學進于道然不名道學凡道學而字六經皆分見之即或併見亦祇稱學道而不悟道家者流自矜予老子而下凡書七十八部合五百二十五卷校今四庫著録四十一百卌四十四難傳布在世而官不立學祇以其學私卷毛氏虛録斯志也是以道書有道學僃專藏道相授受以於行其教謂之道學士者學人分佈道觀名爲道士者學人之稱而琭書經曰士者何理也自心順理惟道之從是名道學又謂之理學遂至北

漢學商兌卷上

桐城方東樹

方东树《汉学商兑》
光绪己丑（1889）刻本

一篇家传。孙氏两年以后才去世。孙氏去世数月之后，在她65岁生日时，方东树又写了一长篇《书妻孙氏生志后》。在那篇后记里，方东树描述了在孙氏去世前的几个月，他如何心神恍惚，担忧孙氏长逝而去。当得到孙氏去世的消息时，他身心崩溃，几乎丧失生存的勇气。

方东树在妻子尚未去世时即为她撰写墓志，这一点与传统不符。除了《生志》，他在《志后》再次说明他这么做的原因："为妻作《生志》，欲其见之，以慰其心。"其他人当然会阅读这篇《生志》，但是，他主要是为妻子而作的。

这篇墓志栩栩如生地书写了一个非凡的女子，她的严重残疾把妇女持家的坚韧、勇气、能干和毅力表现得分外突出。经过多年瘫痪之后，孙氏在44岁时彻底丧失了行动的能力。然而，年复一年，她克服了无法想象的困难，继续成功地持家。方东树常年离家成为显现她非凡毅力的一个背景。这个案例因此也说明，当落魄的士子常年在外谋求生计成为一种常态时，妻子便成了维持家庭的中坚。清代夫妻分离的常态化对夫妻关系有深刻的影响。

方东树对妻子的感情贯穿着这篇《生志》。当然，方东树并无意将他们之间写成平等的关系。他基本上从妻子对家庭的奉献和对他本人的忠诚的构架来描述妻子的美德。但是他对妻子的依恋亦显而易见，比如他在《志后》中写道："人生有死，百年必至之常期。维共贫贱同忧患者难忘。吾又寡兄弟戚属，行止出入维妻能悯我疾苦，谅我端良。自今无有能悯我谅我者矣。"

方东树描述妻子的生活行止，充满了负疚之感。他并不把她的辛劳和自我牺牲视为理所当然。赞美她的懿行和成就同时也是表白他作为丈夫的欠缺——是他蹉跎的命运给她带来艰难困苦。方东树眼中孙氏的很多品德通常是用于男性的。他这样表述她的沉着：喜愠不形于色，从不抱怨。她甚至比方东树本人心胸更宽。方东树笔下的孙氏不光是一位忠诚尽职的妻子，而且是一个品质超群的人。

方东树称他的妻子为"良友"。他描写了回家之后和妻子为伴，品评人物时政的喜悦。这一思想精神上的联系使他们之间的关系更深一层。作为一个道学家，方东树很可能不会赞成浪漫的夫妻关系，但是这篇《生志》给我们提供新的思考夫妻关系的材料。

志文：

妻孙氏生志

方东树

妻孙氏生于乾隆己丑年九月十三日，年二十五归余，今三十九年矣。怜其备历愍艰，老病且死，乃豫为之志，道其苦并述其行，及其见之也，以慰其心。以妻平生知文字为可贵，又乐余之能文也，谓庶可以著其不朽故也。

妻以癸丑年冬归余，逾二年丧其母，毁瘠几灭性，一弟未受室，父远客，乃归代理其家，居一年始返。是时吾家尤穷空，先君子困处，大母老病，无以赡朝夕，余迫生故遂出游授经为养，脩俸所入，薄不能兼顾，妻凡有所需，常典质自给。嘉庆己未，余客江右，是岁邑中痘殇，一月之间，吾两弟妹及两女皆亡，妻抱其子而哭其女，抚其尸无以为殓。妻尝为余述其事而不忍竟其词。

以居隘卑湿兼患气中伤，得痹疾，不能良行，初犹扶杖强起，医者误投方药，遂致笃废，手足俱挛，癸酉年也。丙子，吾在江苏胡中丞幕，而吾父殁，吾母老疾不任事，妻以冢妇持家，责无旁贷，竭力以主大事，礼无违者。明年，余羁旅江宁，漂困扬州，而大母继殁，妻所以治办丧事者校吾父之殁而备艰矣。频年之间更两大丧，余以不孝，皆远避而独以委于妻，是固私心所惨愧而无可言者也。

又明年，余客粤东，妻又为长子纳妇。自癸酉以来至于今，凡十有九年，每朝则令人负之起，坐一榻，漏三下，又负之就席，以为常，其余终岁终日踞坐一案，凡米盐所需、追呼所告、丧祭所供、宾亲所接，纷至沓来，悉以一心一口运之。呜呼！是健男子所莫能支，而以一病妇人当之，其亦可谓难矣。

妻知书，通《毛诗》，子未就傅，尝自课之。性刚明厚重，有蕴蓄，喜愠不形，虽甚急，无惶遽色，虽甚穷，无戚容悲语，转侧痛苦，未尝呻吟呼天及父母。与人言以诚，无巧伪。哭死必哀，见人有苦，常慈悯。行事有常度，明于大义，虽无财而事所当行，未尝废。

余赋气弱，自少多疾。妻来时，余羸瘠不成形，又常喀血，妻常恐余死，以故无论在家在外，一心常念。余若在病者，常舍其疾以忧余之疾，数十年如一日。余偶归则所以视寒燠饥饱之节者甚至，余意有所欲行，但闻言必谨成之，从未有一事梗避龃龉怨阻者。常默计余所需，不待告语，莫不夙办。余每念，以妻之事余若移之子事父母，可称孝子，故虽非有古人异量德贤而揆之妇行，实无所阙，其亦可以谓之君子女者矣。

余尝十赴秋闱不得售，妻谓余曰："吾在室，望吾父。及归，望舅。继又望君。而终不获一如意。"此虽俗情而其言亦可悲矣。余性不深，固好直言人失，常以取怨，妻每谏余，迄未能改，以此愧之。余出在外，幸与贤士大夫交游，妻闻之乐，闲与商榷人士才性贤否及时事之是非，皆能解意表。故余不归，归则如对一良友焉。妻母弟仕于广东，为知县，妻无几微之念望其濡沫，及其弟所以待姊者甚疏，亦无几微之念以为怨，此则余亦服其度之不可及也已。

吾尝谓妻曰："汝勿死，待吾力稍裕能为若具棺殓而后可。"斯言也，因循十余年未能酬，今岁辛卯，始奋然决志为假贷，购材木，使匠合成之，于余心为稍尽矣。余痛先子之殁也，材木未美，又感姚氏姑及七叔父之事，誓于神明，不许厚殓，用自罚以求安吾心，而于妻独勤勤如此者，吾无符伟明之德，不敢以妻子行志，又所以报其代余当两大丧之劳也。

妻桐城世族，五世祖节愍公讳临，曾祖陕西兴汉镇总兵讳建勋，祖癸未进士讳颜，而邑庠生讳詹泰之女也。初，妻叔辛酉进士起峘与先君交最笃，爱余所作诗文，諰于其兄嫂而以女焉。铭曰：

暇豫不敢望启处者，生人之常。天罚酷于余，而以为君殃。懵荼荠之匪固，性诚壹其如忘。铭余词兮使睹，要后死之无伤。语征实而无溢，允昭显于德行。[1]

延伸阅读：

白亚仁（Barr, Allan H）：《清代早期的婚姻和悼念亡妻》（Marriage and Mourning in Early-Qing Tributes to Wives），《男女：中国的男性，女性和社会性别》（*Nan Nü: Men, Women and Gender in China*）第15辑，第1期（2013），第137—178页。

黄卫总（Martin Huang）：《私密的记忆：晚期中华帝国的性别与悼亡》（*Intimate Memory: Gender and Mourning in Late Imperial China*），纽约州立大学出版社，2018年。

黄卫总（Martin Huang）：《构建妇德：明末清初的内疚、记

---

[1]（清）方东树《考槃集文录》卷11。

忆与丧妻之痛中的丈夫》（Negotiating Wifely Virtues: Guilt, Memory, and Grieving Husbands in Seventeenth-Century China），《男女：中国的男性，女性和社会性别》（ *Nan Nü: Men, Women and Gender in China* ）第15辑，第1期（2013），第109—136页。

卢苇菁（Lu Weijing）：《书写伉俪情：王照圆和郝懿行的〈和鸣集〉》（ Writing Love: *The Heming ji* by Wang Zhaoyuan and Hao Yixing），收于柏文莉（Beverly Bossler）编，《社会性别和中国历史：转变性的相遇》（ *Gender and Chinese History: Transformative Encounters* ），华盛顿大学出版社，2015年。

曼素恩（Susan Mann）：《清中叶缙绅家庭中的嫁妆和妇德》（Dowry Wealth and Wifely Virtue in Mid-Qing Gentry Households），《清史问题》（ *Late Imperial China* ）第29辑，第1期（2008），第64—76页。

（卢苇菁）

第二十二章

妻子的深情致敬

曾 咏（1813—1862）

一位有学识的女性、成就卓然的诗人，选择在丈夫
灵柩落葬时为其撰写墓志铭。十八年前，她的丈夫
在与太平军的交战中病故。除了将丈夫描绘成一位
原则性强且富于悲悯之心的地方官员，这篇哀悼性
质的传记也记载了关于太平天国运动给江西民众造
成的创伤的大量细节。

导读：

在经历了康熙（1662—1722）、雍正（1723—1735）、
乾隆（1736—1795）三朝稳定、繁荣的时期后，清王朝
自十九世纪始，开始面对接二连三的社会动荡与暴乱，以
及西方帝国主义列强全球扩张导致的不断加强的侵略行

径。十九世纪中叶，清王朝在第一次鸦片战争（1839—1842）中遭受失败，导致香港被割让给英国，清政府还被迫同意英国向中国出口鸦片的权益不受限制。此外，在对外开放的五处通商口岸，外国人享有治外法权。除了困扰于民间广泛存在的鸦片成瘾问题，清政府也不得不应对帝国内部各地爆发的叛乱与民变。最早爆发的是在中西部地区的川楚白莲教之乱（1796—1804）。一些白莲教徒组成"捻党/捻子"，领导了后来在华北、华东地区爆发的捻乱（1853—1868）。同一时期爆发的太平天国运动（1850—1864）从华南向北蔓延，波及东南地区省份，并一度逼近首都北京。此外，整个十九世纪，从西南边疆的云南到西北的甘肃，都遭受了周期性爆发的回乱。

1862年左锡嘉（1831—1896）的丈夫曾咏（1813—1862）去世时，太平军已重创了作为清帝国经济、文化中心的江南地区（包括今江苏、浙江和安徽三省的大部分地区）长达12年之久。太平天国运动开始于1850年，当时是一个拜上帝的基督教派，由科举落榜生洪秀全（1814—1864）领导，得到西南广西乡间不满当时社会的客家农民响应。这一运动很快就演变成一股向北席卷的巨大军事力量，发起了一场反对清政府统治的大规模内战。卷入战争

左锡嘉 富贵双寿图

同治壬申（1872）绘

左锡嘉 花卉图
光绪庚寅（1890）绘

的民众，或被迫改换信仰，或被征召从军，或在战乱中被屠杀。1853年，太平军攻陷南京，将之定为太平天国国都。在此后十多年中，绝大多数人口遭受了太平军与清军作战带来的暴力与混乱。据估计，太平天国运动期间有两千万人丧生。

据左锡嘉为其夫曾咏撰写的墓志铭所述，曾咏曾经作为江西吉安知府与太平军交战，后被最终成功镇压叛乱的清廷官员与军事首领曾国藩（1811—1872）行檄调动，在已从太平军占领下收复的战略重镇安庆（今属安徽省）加入清军，但不久即病故于军前。在他死后第二年（1863），为了将丈夫的灵柩运回临近成都的四川老家，左锡嘉冒着生命危险，沿长江逆流而上，开始了一段艰苦的旅程。

1880年，曾咏病故18年后，终于在家乡华阳下葬。左锡嘉为此撰写了一篇感人的长篇墓志铭。按左锡嘉的叙述，她是曾咏的第四任妻子。曾咏的前三位夫人已相继去世，并且没有子女，原配甚至在正式成婚前就已亡故。左锡嘉出身于声望极高的士大夫家族——江苏省阳湖县的左家。由于母亲在其年幼时去世，左锡嘉和与她一样富有才华的姊妹们由父亲负责教育，而她尤其以擅长诗歌与绘画闻名。左锡嘉比丈夫年轻18岁，育有三子六女。曾咏病故时，孩子都还年幼，由三十出头就成为寡妇的左锡嘉抚养。墓志铭以左锡嘉为何写作这篇墓志铭开篇。相比他们已经成人的子女，或者其他任何亲属，左锡嘉对于其夫生平的各个阶段，理应具有最亲密、最详细的了解。她在介绍中提到，按照惯常步骤，她本该先写一份行状事略作为草稿，然后邀请他人，即一位"当代大人先生"，据此撰写墓志铭。但是，她摒弃了这一惯例，而代之以亲笔撰写。作为一位有学识、有成就的女诗人，左锡嘉所掌握的写作方法与文化知识，足以令她完成一篇既正式又感伤的墓志铭，以纪念她挚爱的丈夫的一生与事业。在这一过程中，她的角色最为关键，正如她认识到的那样。为了突出他们之间的亲密关系，她直接使用第二人称代词"君"称呼曾咏。

志文：

皇清追赠太仆寺卿衔江西吉安府知府曾君墓志铭

左锡嘉

呜呼！此我夫子之墓也。君殁后，家室转徙十有八年，今始得一亩地，葬君故乡。欲为状，乞当代大人先生彰君行事。而握笔追思，零泪如雨，状久不克成。嘉今年益衰病，恐遂奄忽。使君坚志苦心不垂于家乘，嘉之罪也。窃附私谥康惠之义，就所能言者而表之。

君讳咏，字永言，号吟村，成都华阳人也。武城之裔，迁于西江。有元中叶，转徙长乐。国朝康熙间始居华阳，遂为县人焉。祖讳惠超，父讳秀英，以君官封中议大夫。祖母氏黄，继祖母氏张，母氏刘，封淑人。

君生而聪明，长而友爱。家世业农，十余岁犹随父母耕作田间。年十四，始发愤为学，日仍代父秉耒耜，夜乃读书，孜孜不倦。稍壮，能文。道光乙未春补弟子员，秋举于乡。益潜心经史，以己意条系之，著读史随笔若干卷。复治《毛诗》《论语》《孝经》，于汉、宋诸儒解说，皆洞达其得失。凡所考订、撰述，日数千言。每言：为学之要，训诂明，义理显；为人之要，律己严，责人宽。庶近道乎！

甲辰成进士，官户部主事，历转郎中。时有权贵辖户部，尝遣人风示，欲君出其门。君徐曰："咏起家畎亩，未闻枉道求富贵。"言者逡巡去。居户部，不受外馈，不徇人私，十四年如一日。

左锡嘉《冷吟仙馆文存》
光绪辛卯（1891）刻本

墓誌

皇清追贈太僕寺卿銜江西吉安府知府曾君墓誌銘

嗚呼此我夫子之墓也君歿後家室轉徙十有八年今

始得一畝地葬君故鄉欲爲狀乞當代大人先生彰君

行事而握筆追思零淚如雨狀久不克成嘉今年益衰

病恐遽奄忽使君堅志苦心不垂於家乘之罪也篇

附私謚康惠之義就所能言者而表之

揖譯詠字永言號吟村成都華陽人也武城之裔遷於

西江有元中葉轉徙長樂

咸丰八年，京察一等，记名以道府用。九年，奉旨验漕津门，事竣，授江西吉安府知府。临行辞长官，权贵复示意欲通内外消息，君若不喻。近君者履君足，君色不变，他顾，终不置一辞。时人骇怪，君夷然也。

既至吉安，郡城四遭沦陷，瓦砾塞通衢，存者惟败堞数堵而已。君至，筑城完廪。见白骨遍野，凄然流涕，出资命四厂收葬之。大府札君设厘局[1]，君上书言百姓流离瘝苦，商贾不至，若复剥之，民将何堪？郡人读其书，皆泣下，局不果设。君乃抚民教士，俾营耕桑，为保聚计，民以有赖。

十一年春，粤寇复犯郡。君登陴固守，寇再攻，莫破。围益急，数驰檄告，大府命将来援。为将者李金旸，号冲天炮，与吉安陆参将得胜皆降贼，隶营伍者也，阴与寇通，至郡索金帛。君以创痍之民，不堪朘削，乃出俸金予之。李伪出阵，还言寇张甚，徒守不能遏，请府县督团兵出城，设伏合击之，寇必遁。君出督团兵，陆遂得开城迎寇入，李从之。君闻变，拔刀自刭，军民泣阻，不得死。复投水，众出之，泣曰："公死，吾辈将安归？死无

---

[1] 这些厘局征收地方商业税，税收用于支付与太平军作战的士兵军饷。

益，不如战也。战而胜，公之心白矣；不胜，吾辈将随公死，不敢辞。"君乃强起，选练勇五百人，遣健者阑入城，夜焚火药局。寇惊哗，君乘乱挠之，寇遁。君收城，而陆、李反飞书报捷，得懋赏。君被议落职，怀惭无愠。既而陆、李事泄，皆伏诛。

时节相曾文正公督两江军，知君贤，驰檄调君。而吉郡士民上书乞留，大府亦以善后事相委。文正复手书敦迫，君始往随霆军[1]剿贼，奏功复原官。寻殁于太平军次。照军营病故例优恤，赠太仆寺卿衔，荫一子知县。

君长身玉立，须鬖鬖然，眉目间秀气郁发，面有风棱，天性纯笃，直廉勤朴，毁誉无加损。生平嗜书，手钞书积数箧，惜并所著书皆焚于兵。

君生于嘉庆十八年九月初三日，卒于同治元年闰八月初二日，享年五十。原聘钟氏，未娶卒。继娶张氏、淡氏，均无出。抚君弟之子光禧为长。嘉最后适君，生三子。光禧候选府经历，以知县升用；次子光煦，荫知县；三光岷，县学生；四光文。女六人：长

---

[1] 霆军由曾国藩麾下湘籍名将鲍超（1828—1886）率领。

适新都刘必帅，早寡；次适阳湖袁学昌；次适南充林尚辰；次适铜梁吴钟瀛；次适汉州张祥龄；次适新都魏光瀛。

方君之抱疾，嘉闻信奔赴，鄱阳阻风，迫过湖而君凶耗至。遗属云："父母在堂，愿卿归侍。返枢非敢望，可殡吉郡，俟儿辈成立，再扶枢归葬。"呜呼，痛哉！君骨不归，嘉无挈儿女独归理。顾此嗷嗷者，旅食异乡，亲戚隔绝，门户孤子。会以穷困死，否则以忧伤死，且如舅姑何也？

越明年，扶枢溯江西上，间关险阻，仅乃得达。洒涕作《孤舟入蜀图》，函告四方亲友，以君之榇归，仗君之灵。事舅姑先后即世，葬祭如礼。四子长大，以婚以宦。女六人，各适其家。有男女孙六人。呜呼！嘉之责其稍宽乎！

兹于光绪六年三月初八日，以礼葬君于成都城北石洴缺之阳。悲夫！重泉永闷，同穴何年？缅懿行于生平，惧弗彰于后世，敢镌贞石，用志不朽。

（铭）曰：

矫矫忠贞，时惟我君。崇道茂学，懿孝笃亲。

农曹守职，刚正不阿。爰及临民，政以惠和。

狂寇凭陵，客将诡变。义气所激，孤城再奠。

从师南征，复奋其功。王事忧勤，卒瘁厥躬。

我皇宠终，遗赠优隆。荫及后嗣，光被无穷。

灵谷千秋，寒松十围。勒铭幽宫，永怀芳徽。[1]

延伸阅读：

萧虹（Lily Xiaohong Lee）主编：《中国妇女传记辞典·清代》（*Biographical Dictionary of Chinese Women: The Qing Period, 1644—1911*），夏普（M.E. Sharpe）出版社，1998年。

方秀洁（Grace S. Fong）：《太平天国时期一位未亡人的旅行：左锡嘉的诗作》（A Widow's Journey during the Taiping Rebellion: Zuo Xijia's Poetic Record），《译丛》（*Renditions*）第70辑（2008），第49—58页。

方秀洁（Grace S. Fong）：《书写生命故事：中国历史上的女性传记作者》（Engendering Lives: Women as Self-Appointed and Sought-After Biographers），收于裴海宁（Ihor Pidhainy）、戴福士（Roger Des Forges）、方秀洁（Grace

---

[1] 来源：左锡嘉《冷吟仙馆诗稿诗余文存》，清光绪十七年（1891）定襄官署刊本，文存，4a—7b，收入胡晓明、彭国忠编《江南女性别集二编》，黄山书社，2010年，下册，第1417—1420页；又见"明清妇女著作"资料库：http://digital.library.mcgill.ca/mingqing/search/results-work.php?workID=112&language=eng.

S. Fong）编,《呈现生命：明清时期的传记形式，1644—1911》（*Representing Lives in China: Forms of Biography in the Ming Qing Period, 1644—1911*），康奈尔大学东亚项目，2018年，第197—226页。

曼素恩（Susan Mann）:《闺秀与国家：十九世纪乱世中的女性写作》（The Lady and the State: Women's Writings in Times of Trouble during the Nineteenth Century），收于方秀洁（Grace S. Fong）、魏爱莲（Ellen Widmer）编,《跨越闺门：明清女性作家论》（*The Inner Quarters and Beyond: Women Writers from Ming through Qing*），博睿学术出版社（Brill），2010年，第228—313页。此书中译版，北京大学出版社，2014年。

梅尔清（Tobie Meyer-Fong）:《浩劫之后：太平天国战争与十九世纪的中国》（*What Remains: Coming to Terms with Civil War in 19th Century China*），斯坦福大学出版社，2013年。

（方秀洁）

附 录

中英文参考论著

有关墓志铭作为文本及石刻的研究

李安敦（Anthony Barbieri-Low）:《刻石为生：东汉的碑碣工匠》（Carving Out a Living: Stone-Monument Artisans During the Eastern Han Dynasty），收于刘怡玮（Cary Y. Liu）、戴梅可（Michael Nylan）、李安敦编,《重塑中国历史：武梁祠的艺术、考古与建筑》（*Recarving China's Past: Art, Archaeology, and Architecture of the "Wu Family Shrines"*），耶鲁大学出版社，2005年，第485—511页。

董慕达（Miranda Brown）:《如何解读汉代碑刻》（Han

Steles: How to Elicit What They Have to Tell Us），收于刘怡玮（Cary Y. Liu）、内奥米·N·理查德（Naomi Noble Richard）编，《反思与重塑：汉代中国和武梁祠的理想、实践与问题》（*Rethinking and Recarving: Ideals, Practices, and Problems of the "Wu Family Shrines" and Han China*），普林斯顿大学艺术博物馆，2008年，第180—195页。

朱隽琪（Jessey Jiun-Chyi Choo）:《亵渎对死者的仪式？中古晚期墓志铭中的堪舆与追记》（Shall We Profane the Service of the Dead? Burial Divination and Remembrance in Late Medieval *Muzhiming*），《唐研究》（*Tang Studies*）第33辑（2015），第1—37页。

戴高祥（Timothy M. Davis）:《墓中的石刻与中古纪念文化：早期墓志铭的发展史》（*Entombed Epigraphy and Commemorative Culture in Early Medieval China: A History of Early Muzhiming*），博睿学术出版社（Brill），2015年。

迪磊（Alexei Ditter）:《追怀作为一种商业交易活动：中晚唐受托撰写的墓志铭》（The Commerce of Commemoration: Commissioned *Muzhiming* in the Mid-

to-Late Tang），《唐研究》（*Tang Studies*） 第32辑
（2014），第21—46页。

伊沛霞（Patricia Buckley Ebrey）：《后汉时期的碑刻》
（Later Han Stone Inscriptions），《哈佛亚洲研究学刊》
（*Harvard Journal of Asiatic Studies*） 第40辑， 第2期
（1980），第325—353页。

艾朗诺（Ronald C. Egan）：《欧阳修的文学作品》（*The
Literary Works of Ou-yang Hsiu*）， 剑桥大学出版社，
1984年。

卢慧文（Lu Huiwen）：《北魏洛阳石刻的书法》
（Calligraphy of Stone Engravings in Northern Wei
Luoyang）， 收于刘怡玮（Cary Y. Liu）、经崇仪（Dora
C. Y. Ching）、 朱迪·G·史密斯（Judith G. Smith）
编，《中国书法中的文字与语境》（*Character and
Context in Chinese Calligraphy*）， 普林斯顿大学艺术博
物馆，1999年，第78—103页。

萧婷（Angela Schottenhammer）：《宋代墓志铭的特点》
（Characteristics of Song Epitaphs）， 收于迪特·库恩
编，《宋代的墓葬》（*Burial in Song China*），编辑论坛
出版社（Edition Forum），1994年，第235—306页。

杨若薇（Yang Ruowei）:《辽代碑刻及其对研究辽史的重要性》(The Liao-Dynasty Stone Inscriptions and Their Importance to the Study of Liao History)，葛斯德图书馆杂志(*The Gest Library Journal*) 第6辑，第2期（1993），第55—72页。

张聪（Cong Ellen Zhang）:《官僚政治与纪念性传记：范仲淹的碑铭书写》(Bureaucratic Politics and Commemorative Biography: The Epitaphs of Fan Zhongyan)，收于伊沛霞（Patricia Ebrey）、史乐民（Paul Jakov Smith）编，《中国的国家权力，900—1325》(*State Power in China, 900—1325*)，华盛顿大学出版社，2016年，第192—216页。

赵超（Zhao Chao）:《魏晋南北朝的石刻》(Stone Inscriptions of the Wei-Jin Nanbeichao Period)，《中国中古研究》(*Early Medieval China*) 第1辑（1994），第84—96页。

有关丧葬文化及追悼的研究

白瑞旭（K. E. Brashier）:《中国早期历史上的祖先记忆》

（*Ancestral Memory in Early China*），哈佛大学亚洲中心，2011年。

白瑞旭（K. E. Brashier）:《中国早期历史上的公共记忆》（*Public Memory in Early China*），哈佛大学亚洲中心，2014年。

董慕达（Miranda Brown）:《中国早期历史上的悼亡政治》（*The Politics of Mourning in Early China*），纽约州立大学出版社，2007年。

崔爱花（Choi Mihwa）:《北宋的丧礼与政治》（*Death Rituals and Politics in Northern Song China*），牛津大学出版社，2017年。

方夏莲（Mary H. Fong）:《陕西隋唐葬俗先例》（Antecedents of Sui-Tang Burial Practices in Shaanxi），《亚洲艺术》（*Artibus Asiae*）第51辑（1991），第147—198页。

郭珏（Guo Jue）:《新近出土汉代墓葬中随葬物及文本所反映的有关死亡及来世观念》（Concepts of Death and the Afterlife Reflected in Newly Discovered Tomb Objects and Texts from Han China），收于艾米·奥伯丁（Amy Olberding）、艾文贺（Phillip. J. Ivanhoe）编，《中国

传统思想中的死亡》(*Mortality in Traditional Chinese Thought*)，纽约州立大学出版社，2011年，第85—115页。

黄卫总（Martin Huang）:《私密的记忆：晚期中华帝国的性别与悼亡》(*Intimate Memory: Gender and Mourning in Late Imperial China*)，纽约州立大学出版社，2018年。

何四维（A. F. P. Hulsewé）:《墓葬中的文本》(Texts in Tombs)，《亚洲研究》(*Asiatische Studien*)第18—19辑（1965），第78—89页。

来国龙（Lai Guolong）:《幽冥之旅：早期中国宗教考古》(*Excavating the Afterlife: The Archaeology of Early Chinese Religion*)，华盛顿大学出版社，2015年。

麦大维（David McMullen）:《周利贞之死：自然死亡还是应朝廷之命自杀？》(The Death of Chou Li-chen: Imperially Ordered Suicide or Natural Causes?)，《亚洲专刊》第三系列（*Asia Major*, 3rd ser. ）第2辑，第2期（1989），第23—82页。

蒲慕州（Mu-chou Poo）:《汉以前及汉代有关死亡及葬礼的看法》(Ideas Concerning Death and Burial in Pre-Han and Han China)，《亚洲专刊》第三系列（*Asia Major*,

3rd ser.) 第3辑, 第2期（1990）, 第25—62页。

夏南悉（Nancy Shatzman Steinhardt）:《元代墓葬及碑铭：汉人来世的身份标识变化》(Yuan Period Tombs and their Inscriptions: Changing Identities for Chinese Afterlife),《伊斯兰与东亚艺术》(*Ars Orientalis*) 第37辑（2009）, 第140—174页。

巫鸿（Wu Hung）:《从庙宇到坟茔：变动中的古代中国艺术和宗教》(From Temple to Tomb: Ancient Chinese Art and Religion in Transition),《早期中国》(*Early China*) 第13辑（1988）, 第78—115页。

巫鸿（Wu Hung）:《黄泉下的美术：宏观中国古代墓葬》(*The Art of the Yellow Springs: Understanding Chinese Tombs*), 夏威夷大学出版社, 2010年。此书中译版, 施杰译, 生活·读书·新知三联书店, 2010年。

大量使用墓志铭的妇女史研究

白亚仁（Allan H. Barr）:《清代早期的婚姻和悼念亡妻》(Marriage and Mourning in Early-Qing Tributes to Wives),《男女：中国的男性、女性和社会性别》

（*Nan Nü: Men, Women and Gender in China*），第15辑，
第1期（2013），第137—178页。

柏文莉（Beverly Bossler）：《终生为女：宋代及帝制晚期
的姻亲及女性人际网络》（A Daughter is a Daughter All
Her Life: Affinal Relations and Women's Networks in Song
and Late Imperial China），《清史问题》（*Late Imperial
China*）第21辑，第1期（2000），第77—106页。

凯瑟琳·卡利兹（Katherine Carlitz）：《哀悼、个性、情
感表现：明代士人纪念母亲姐妹和女儿》（Mourning,
Personality, Display: Ming Literati Commemorate Their
Mothers, Sisters, and Daughters），《男女：中国的男性、
女性和社会性别》（*Nan Nü: Men, Women and Gender in
China*），第15辑，第1期（2013），第30—68页。

伊沛霞（Patricia Buckley Ebrey）：《内闱：宋代妇女的婚姻
和生活》（*The Inner Quarters, Marriage and the Lives of
Chinese Women in the Sung Period*），加利福尼亚州大
学出版社，1993年。此书中译版，胡志宏译，江苏人
民出版社，2004年。

伊沛霞（Patricia Buckley Ebrey）：《刘克庄家中的女性》
（The Women in Liu Kezhuang's Family），伊沛霞著，

《中国历史上的妇女与家庭》(*Women and the Family in Chinese History*)，劳特利奇出版社 (Routledge)，2003年，第89—106页。

李贞德 (Jen-der Lee)：《公主之死：中世早期家庭伦理的法制化》(The Death of a Princess-Codifying Classical Family Ethics in Early Medieval China)，收于牟正蕴 (Sherry J. Mou) 编，《存在与呈现：中国士大夫传统中的妇女》(*Presence and Presentation: Women in the Chinese Literati Tradition*)，圣马丁出版社，1999年，第1—37页。

李贞德 (Jen-der Lee)：《一位三世纪乳母徐义的墓志铭》(The Epitaph of a Third-Century Wet Nurse, Xu Yi)，收于田菱 (Wendy Swartz)、康儒博 (Robert F. Campany)、陆扬 (Yang Lu)、朱隽琪 (Jessey Choo) 编，《中古早期史料集》(*Early Medieval China: A Sourcebook*)，哥伦比亚大学出版社，2014年，第458—467页。

李贞德 (Jen-der Lee)：《六朝女性生活》(The Life of Women in the Six Dynasties)，《妇女与两性学刊》(*Journal of Women and Gender Studies*)，第4辑

（1993），第47—80页。

许曼（Xu Man）:《跨越门间：宋代福建女性的日常生活》（ *Crossing the Gate: Everyday Lives of Women in Song Fujian*［*960—1279*］），纽约州立大学出版社，2016年。此书中译版，刘云军译，上海古籍出版社，2019年。

姚平（Yao Ping）:《女性肖像：中国历史早期与中期墓志概观》（Women in Portraits: An Overview of Epitaphs from Early and Medieval China），收于刘咏聪（Clara Wing-chung Ho）编，《亦显亦隐的宝库：中国女性史史料学论文集》（ *Overt and Covert Treasures: Essays on the Sources for Chinese Women's History* ），香港中文大学出版社，2012年，第157—183页。

姚平（Yao Ping）:《唐代女性墓志综览》（Women's Epitaphs in Tang China［618—907］），收于季家珍（Joan Judge）、胡缨（Ying Hu）编，《重读中国女性生命故事》（ *Beyond Exemplar Tales: Women's Biography in Chinese History* ），加利福尼亚州大学出版社，2011年，第139—157页。此书中译版，江苏人民出版社，2011年。

姚平（Yao Ping）:《善缘：唐代的佛教徒母亲和子女》（Good

Karmic Connections: Buddhist Mothers and Their Children in Tang China[618—907]),《男女：中国的男性、女性和社会性别》(*Nan Nü: Men, Women and Gender in China*) 第10辑，第1期（2008），第57—85页。

姚平（Yao Ping）:《唐代妇女的生命历程》，上海古籍出版社，2020年。

大量使用墓志铭的社会文化史研究

柏文莉（Beverly J. Bossler）:《权力关系：宋代中国的家族，地位与国家》(*Powerful Relations: Kinship, Status, and the State in Sung China*[960—1279])，哈佛大学亚洲中心，1998年。此书中译版，刘云军译，江苏人民出版社，2015年。

贾志扬（John W. Chaffee）:《天潢贵胄：宋代宗室史》(*Branches of Heaven: A History of the Imperial Clan of Sung China*)，哈佛大学亚洲中心，1999年。此书中译版，赵冬梅译，江苏人民出版社，2022年。

伊沛霞（Patricia Buckley Ebrey）:《早期中华帝国的贵族家庭：博陵崔氏个案研究》(*The Aristocratic Families of*

Early Imperial China: A Case Study of the Po-ling Ts'ui Family），剑桥大学出版社，1978年。此书中译版，范兆飞译，上海古籍出版社，2010年。

何复平（Mark Halperin）：《庙宇之外：宋代士人佛教观，960—1279》（*Out of the Cloister: Literati Perspectives on Buddhism in Sung China, 960—1279*），哈佛大学亚洲中心，2006年。此书中译版，叶树勋、单虹泽译，江苏人民出版社，2022年。

韩明士（Robert P. Hymes）：《官宦与绅士：两宋江西抚州的精英》（*Statesmen and Gentlemen: The Elite of Fu-chou, Chiang-hsi, in Northern and Southern Sung*），剑桥大学出版社，1986年。

饭山知保（Iiyama Tomoyasu）：《石刻与地位：有关元代中国北方新兴精英的史料》（Steles and Status: Evidence for the Emergence of a New Elite in Yuan North China），《中国历史学刊》（*Journal of Chinese History*）第1辑，第1期（2017），第3—26页。

卢苇菁（Lu Weijing）：《清代文集中有关女性亲属的书写》（Personal Writings on Female Relatives in the Qing Collected Works），收于刘咏聪（Clara Wing-chung

Ho）编，《亦显亦隐的宝库：中国女性史史料学论文集》（*Overt and Covert Treasures: Essays on the Sources for Chinese Women's History*），香港中文大学出版社，2012年，第403—426页。

田安（Anna M. Shields）：《知我者：中唐时期的友谊与文学》（*One Who Knows Me: Friendship and Literary Culture in Mid-Tang China*），哈佛大学亚洲中心，2015年。此书中译版，卞东波、刘杰、郑潇潇译，中西书局，2020年。

谭凯（Nicolas Tackett）：《中古中国门阀大族的消亡》（*The Destruction of the Medieval Chinese Aristocracy*），哈佛大学亚洲中心，2014年。此书中译版，胡耀飞、谢宇荣译，社会科学文献出版社，2017年。

许曼（Xu Man）：《变革中的中国地方精英：潞州出土七到十二世纪墓志铭》（China's Local Elites in Transition: Seventh- to Twelfth-Century Epitaphs Excavated in Luzhou），《亚洲专刊》第三系列（*Asia Major*, 3rd ser.）第30辑，第1期（2017），第59—107页。

张聪（Cong Ellen Zhang）：《家庭·乡里·朝堂：北宋士人与孝道》（*Performing Filial Piety in Northern Song China: Family, State, and Native Place*），夏威夷大学出

版社，2020年。此书中译版，刘云军译，上海古籍出
版社，2023年。

衣若兰：《明清夫妇合葬墓志铭义例探研》，《台湾师大历
史学报》，第58期（2017），第51—90页。

传 记 研 究

杜润德（Stephen Durrant）：《浊镜：司马迁作品中的张
力与冲突》（*The Cloudy Mirror: Tension and Conflict
in the Writings of Sima Qian*），纽约州立大学出版社，
1995年。

季家珍（Joan Judge）、胡缨（Hu Ying）编：《重读中国女性
生命故事》（*Beyond Exemplar Tales: Women's Biography
in Chinese History*），加利福尼亚州大学出版社，2011
年。此书中译版，江苏人民出版社，2011年。

杜希德（Denis Twitchett）：《中国的传记写作》（*Chinese
Biographical Writing*），W. G. 比斯利（W. G. Beasley）、
蒲立本（E. G. Pulleyblank）编，《中国和日本的史学
家》（*Historians of China and Japan*），牛津大学出版
社，1961年，第95—114页。

杜希德（Denis Twitchett）：《中国传记的问题》（Problems of Chinese Biography），收于芮沃寿（Arthur F. Wright）、杜希德（Denis Twitchett）编，《儒家人物》（*Confucian Personalities*），斯坦福大学出版社，1962年，第24—39页。

杜希德（Denis Twitchett）：《唐代正史的修撰》（*The Writing of Official History under the T'ang*），剑桥大学出版社，1992年。

衣若兰：《女性"名"分与清初传记书写论辩》，《新史学》第26卷，第1期（2015），第59—104页。

衣若兰：《史学与性别：〈明史·列女传〉与明代女性史之建构》，山西教育出版社，2011年。

中文墓志石刻论著选编

（以编著者姓名拼音顺序排列）

（明）王行：《墓铭举例》，台北商务印书馆，1986年。

（清）武亿等纂：《安阳县金石录》，成文出版社，1968年。

《隋唐五代墓志汇编》（全30册），天津古籍出版社，2009年。

安阳市文物考古研究所、安阳博物馆编著：《安阳墓志选编》，科学出版社，2015年。

北京大学图书馆金石组胡海帆、汤燕、陶诚编：《北京大学图书馆藏历代墓志拓片目录》（上、下），上海古籍出版社，2013年。

沧州市文物局编：《沧州出土墓志》，科学出版社，2007年。

陈柏泉编著：《江西出土墓志选编》，江西教育出版社，1991年。

慈溪市文物管理委员会办公室、宁波市江北区文物管理所编：《慈溪碑碣墓志汇编》（共2册），浙江古籍出版社，2017年。

高文、高成刚编：《四川历代碑刻》，四川大学出版社，1990年。

国家图书馆善本金石组编：《宋代石刻文献全编》，北京图书馆出版社，2003年。

国家图书馆善本金石组编：《辽金元石刻文献全编》，北京图书馆出版社，2003年。

郭茂育、刘继保编著：《宋代墓志辑释》，中州古籍出版社，2016年。

郭茂育、赵水森编著：《洛阳出土鸳鸯志辑录》，国家图书馆出版社，2012年。

故宫博物院编，郭玉海、方斌主编：《故宫博物院藏历代
　　墓志汇编》（共3册），紫禁城出版社，2010年。

何丙仲、吴鹤立编纂：《厦门墓志铭汇粹》，厦门大学出版
　　社，2011年。

河南省文物研究所、河南省洛阳地区文管处编：《千唐志
　　斋藏志》，文物出版社，1985年。

胡戟、荣新江主编：《大唐西市博物馆藏墓志》（全三册），
　　北京大学出版社，2012年。

李恒法、解华英编著：《济宁历代墓志铭》，齐鲁书社，
　　2011年。

罗新、叶炜著：《新出魏晋南北朝墓志疏证》（修订本），中
　　华书局，2016年。

罗振玉编：《六朝墓志菁英》，河南美术出版社，2017年。

罗振玉编：《六朝墓志菁英二编》，河南美术出版社，
　　2017年。

洛阳市第二文物工作队李献奇、郭引强编：《洛阳新获墓
　　志》，文物出版社，1996年。

洛阳市文物管理局、洛阳市文物工作队编：《洛阳出土墓
　　志目录》，朝华出版社，2001年。

洛阳市文物考古研究院编，周立主编：《洛阳出土墓志目

录续编》，国家图书馆出版社，2012年。

马曙明、林任豪主编，丁伋点校：《临海墓志集录》，宗教
　　文化出版社，2002年。

毛汉光主编：《"中研院"历史语言研究所藏历代墓志铭拓
　　片目录》，"中研院"历史语言研究所，1985年。

毛阳光、余扶危主编：《洛阳流散唐代墓志汇编》（上、
　　下），国家图书馆出版社，2013年。

齐渊（运通）编著：《洛阳新见墓志》，上海古籍出版社，
　　2011年。

齐运通、赵力光编：《北朝墓志百品》，中华书局，2018年。

齐运通编：《洛阳新获七朝墓志》，中华书局，2012年。

乔栋、李献奇、史家珍编著：《洛阳新获墓志续编》，科学
　　出版社编，2008年。

衢州市博物馆编著：《衢州墓志碑刻集录》，浙江人民美术
　　出版社，2006年。

饶宗颐编著：《唐宋墓志：远东学院藏拓片图录》，香港中
　　文大学出版社，1981年。

荣丽华编集，王世民校订：《1949—1989四十年出土墓志
　　目录》，中华书局，1993年。

陕西省考古研究院编，李明、刘呆运、李举纲主编：《长安

高阳原新出土隋唐墓志》，文物出版社，2016年。

王其祎、周晓薇编著：《隋代墓志铭汇考》（共6册），线装书局，2007年。

王壮弘、马成名编著：《六朝墓志检要》（修订本），上海书店出版社，2018年。

西安市文物稽查队编：《西安新获墓志集萃》，文物出版社，2016年。

《新中国出土墓志》（多卷多地），文物出版社，出版年代不一。

杨作龙、赵水森等编著：《洛阳新出土墓志释录》，北京图书馆出版社，2004年。

余扶危、张剑主编：《洛阳出土墓志卒葬地资料汇编》，北京图书馆出版社，2002年。

章国庆编著：《宁波历代碑碣墓志汇编（唐/五代/宋元卷）》，上海古籍出版社，2012年。

张红军主编：《沁阳市博物馆藏墓志》，科学出版社，2018年。

张同印编著：《隋唐墓志书迹研究》，文物出版社，2003年。

赵超编：《汉魏南北朝墓志汇编》，天津古籍出版社，

1992年。

赵君平编：《邙洛碑志三百种》，中华书局，2004年。

赵君平、赵文成编著：《秦晋豫新出墓志搜佚》（共4册），国家图书馆出版社，2015年。

赵力光主编：《西安碑林博物馆新藏墓志续编》（上、下），陕西师范大学出版社，2014年。

赵万里编：《汉魏南北朝墓志集释》，科学出版社，1956年。

赵文成、赵君平主编：《秦晋豫新出墓志搜佚续编》（共5册），国家图书馆出版社，2015年。

赵文成、赵君平选：《新出唐墓志百种》，西泠印社出版社，2010年。

郑嘉励、梁晓华编：《丽水宋元墓志集录》，浙江古籍出版社，2013年。

中国国家博物馆编：《中国国家博物馆馆藏文物研究丛书（墓志卷）》，上海古籍出版社，2017年。

周绍良主编：《唐代墓志汇编》，上海古籍出版社，1992年。

周绍良、赵超主编：《唐代墓志汇编续集》，上海古籍出版社，2001年。

部分有关墓志的中文专著和论文

（以作者姓名拼音顺序排列）

拜根兴：《石刻墓志与唐代东亚交流研究》，科学出版社，
　　　2015年。

拜根兴：《唐代高丽百济移民研究：以西安洛阳出土墓志
　　　为中心》，中国社会科学出版社，2012年。

陈尚君：《唐代的亡妻与亡妾墓志》，《中华文史论丛》，
　　　2006年第2期。

陈爽：《出土墓志所见中古谱牒研究》，学林出版社，
　　　2015年。

顾乃武：《历史的足迹：东魏至唐河北墓志的三体流变》，
　　　人民出版社，2015年。

胡可先：《出土文献与唐代文学史新视野》，《文学遗产》，
　　　2005年第1期。

胡可先：《墓志铭与中国文学的家族传统》，《江海学刊》，
　　　2017年第4期。

黄宽重：《宋史研究的重要史料——以大陆地区出土宋人墓
　　　志资料为例》，《新史学》第9卷第2期，1998年。

黄清发：《论唐人自撰墓志及其本质特征》，收于中国唐史
　　文学学会等编，《唐代文学研究》，广西师范大学出版
　　社，2006年。

黄震：《略论唐人自撰墓志》，《长江学术》，2006年第
　　1期。

蒋爱花：《唐代家庭人口辑考——以墓志铭资料为中心》，
　　中央民族大学出版社，2013年。

李鸿宾：《墓志所见唐朝的胡汉关系与文化认同问题》，中
　　华书局，2019年。

李鸿宾主编：《中古墓志胡汉问题研究》，宁夏人民出版社，
　　2013年。

林登顺：《北朝墓志文研究》，（台北）丽文文化事业股份
　　有限公司，2009年。

刘凤君：《南北朝石刻墓志形制探源》，《中原文物》，1988
　　年第2期。

刘静贞：《女无外事？——墓志碑铭中所见之北宋士大夫
　　社会秩序理念》，（台北）《妇女与两性学刊》，1993年
　　第4期。

刘静贞：《北宋前期墓志书写活动初探》，《东吴历史学报》，
　　2004年第11期。

刘静贞：《正史与墓志资料所映现的五代女性意象》，载荣新江主编，《唐研究》第 11 卷，北京大学出版社，2005 年。

刘馨珺：《从墓志铭谈宋代地方官的赴任》，《东吴历史学报》，2004 年第 12 期。

卢建荣：《从在室女墓志看唐宋性别意识的演变》，《台湾师大历史学报》，1997 年第 25 期。

陆扬：《从墓志的史料分析走向墓志的史学分析——以〈新出魏晋南北朝墓志疏证〉为中心》，《中华文史论丛》，2006 年第 4 期。

吕海春：《长眠者的自画像——中国古代自撰类墓志铭的历史变迁及其文化意义》，《中国典籍与文化》，1999 年第 3 期。

吕建中、胡戟主编：《大唐西市博物馆藏墓志研究》，陕西师范大学出版总社有限公司，2013 年。

罗维明：《中古墓志词语研究》，暨南大学出版社，2003 年。

马立军：《北朝墓志文体与北朝文化》，中国社会科学出版社，2015 年。

孟国栋：《唐代墓志铭创作的程序化模式及其文学意义》，《浙江大学学报（人文社会科学版）》，2015 年第 5 期。

孟国栋：《墓志的起源与墓志文体的成立》，《浙江大学学报（人文社会科学版）》，2013年第5期。

孟国栋、胡可先：《论墓志文体志文和铭文的特点、功用及相互关系》，《浙江大学学报（人文社会科学版）》，2012年第6期。

苗书梅：《墓志铭在研究宋代官制中的价值——以北宋元丰改制以前的监当官为例》，《东吴历史学报》，2004年第11期。

牛致功：《唐代史学与墓志研究》，三秦出版社，2006年。

彭国忠：《从纸上到石上：墓志铭的生产过程》，《安徽大学学报（哲学社会科学版）》，2016年第3期。

彭文峰：《唐代墓志中的地名资料整理与研究》，人民日报出版社，2015年。

邱佳慧：《由墓志铭看二程对妇女的书写》，《东吴历史学报》，2004年第12期。

孙继民主编：《河北新发现石刻题记与隋唐史研究》，河北人民出版社，2006年。

仝相卿：《墓志所见韩琦出身及婚姻关系述略——兼论北宋相州韩氏家族妾的封赠》，收于常建华主编《中国社会历史评论》第15辑，天津古籍出版社，2014年。

仝相卿：《北宋墓志碑铭撰写研究》，中国社会科学出版社，2019年。

万军杰：《唐代女性的生前与卒后——围绕墓志资料展开的若干探讨》，天津古籍出版社，2010年。

王德毅：《宋人墓志铭的史料价值》，《东吴历史学报》，2004年第12期。

王连龙：《新见北朝墓志集释》，中国书籍出版社，2013年。

吴雅婷：《宋代墓志铭对朋友之伦的论述》，《东吴历史学报》，2004年第11期。

徐冲：《从"异刻"现象看北魏后期墓志的"生产过程"》，《复旦学报（社会科学版）》，2011年第2期。

杨果：《宋人墓志中的女性形象解读》，《东吴历史学报》，2004年第11期。

杨克炎：《北魏墓志中的同志异刻现象》，《书法研究》，1995年第1期。

杨向奎编：《唐代墓志义例研究》，岳麓书社，2013年。

姚美玲：《唐代墓志词汇研究》，华东师范大学出版社，2008年。

叶国良：《石本与集本碑志文异同问题研究》，《台大中文学报》，1996年第8期。

殷宪:《大同新出唐辽金元志石新解》,三晋出版社,2012年。

张智玮:《从墓志铭看宋代地方的"剧郡"与"闲郡"》,《东吴历史学报》,2004年第12期。

赵超:《古代墓志通论》,紫禁城出版社,2003年。

赵超:《中国古代铭刻与文书研究五十年》,《考古》,1999年第9期。

祝尚书:《传史迁之风神,能出神而入化:论欧阳修碑志文的文学成就》,收于《宋代文学研究》第8辑,四川大学出版社,1998年。

郑必俊:《两宋官绅家族妇女——千篇宋代妇女墓志铭研究》,收于袁行霈主编,北京大学中国传统文化研究中心编,《国学研究》第6卷,北京大学出版社,1999年。

郑嘉励:《南宋的志墓碑刻:以浙江的材料为例》,《东方博物》,2012年第4期。

郑铭德:《宋代商贾墓志铭中所见士人观念中的商贾形象与典范》,《东吴历史学报》,2004年第11期。

周阿根:《五代墓志汇考》,黄山书社,2012年。

周阿根:《五代墓志词汇研究》,中国社会科学出版社,2015年。